Metaverse for Kids
给孩子讲元宇宙

[韩]千允贞/著 [韩]朴善和/绘 杨皓雪 刘人博/译

中国出版集团
中译出版社

元宇宙和"大蚂蚁"

读完这本书，感慨良多。当我们试图教给孩子什么是元宇宙时，其实孩子们早已经在元宇宙中玩得不亦乐乎了。

在我写作《元宇宙》时，先问了孩子一个问题："'苦力怕'是什么？"小儿子兴致勃勃地给我讲《我的世界》中"苦力怕"的样子，它能干什么……还问我："你知道'末影龙'吗？"呃，我确实不知道。

看，我们大人都已经在向孩子们学习元宇宙了。阅读这本书的小读者们，你们是典型的 M 世代①，是生活在元宇宙中的一代人。

古人说："不识庐山真面目，只缘身在此山中。"尽管孩子们先于我们沉浸于元宇宙，乐不思蜀，就像我们小时候在村子里疯跑，忘记吃饭一样，但我们还是要把孩子们"抓回来"，希望孩子们能

---

① M世代（Metaverse Generation），即"元宇宙世代"，指生活在元宇宙时代的这代人，他们大约出生在1995年到2010年之间。这代人伴随着互联网成长，也受到各类科技产物影响。

对元宇宙奥秘有进一步的探索。

元宇宙中，有一只"大蚂蚁"，其英文名称是"BIG ANT"，这两个单词的每个字母，恰恰对应支撑元宇宙六大技术的首字母。所以，我们干脆就用"大蚂蚁"来代表元宇宙中需要的所有技术。就像大蚂蚁的六条腿支撑着大蚂蚁，这六种技术也支撑起了元宇宙。

大蚂蚁的第一条腿，对应"BIG ANT"的第一个字母代表的技术，B代表"Blockchain（区块链）"。这是一种非常非常酷的技术，综合了加密技术、分布式技术、点对点技术，可以把元宇宙中的任何物体变成可以买卖的商品。有了区块链，就可以保护元宇宙中的版权。也许在元宇宙中，就不存在盗版啦。

大蚂蚁的第二条腿，对应"BIG ANT"的第二个字母代表的技术，I代表"Interaction Technology（交互技术）"。这里面门道可多了。小朋友们都用过鼠标，这是第一代广泛流行的人机交互技术。智能手机、平板电脑进了一大步，可以用手指来交互。到了元宇宙就更厉害了，可以用脑电波直接来交互。现在已经有公司做到用脑电波让声带受伤的人说话啦。

大蚂蚁的第三条腿，对应"BIG ANT"的第三个字母代表的技术，G 代表"Geospatial Technology（地理空间技术）"。房间里的桌椅板凳，学校操场上的球筐跑道……全部可以"搬到"元宇宙中。要做到这个，先得知道元宇宙的空间坐标，还要能够建立三维的图形，而且这些三维图形得跟你看到的一模一样。这一过程就包括空间计算、3D 引擎、3D 建模、3D 渲染等一系列技术。

大蚂蚁的第四条腿，对应"BIG ANT"的第四个字母代表的技术，A 代表"Artificial Intelligence"，也就是大名鼎鼎的"人工智能"。目前人工智能在很多领域都得以应用，譬如通过说话让电视机换台的语音遥控，可以和小朋友对话的智能音箱等。未来人工智能的应用会越来越广泛，会逐渐出现越来越多的自动驾驶汽车、给人类帮忙的机器人等。

也有些人担心，如果人工智能的本领超过人类怎么办？这就需要小读者们努力学习，找到管理人工智能产品的好办法啦。

大蚂蚁的第五条腿，对应"BIG ANT"的第五个字母代表的技术，N 代表"Network（网络）"——更确切地说，是下一代网络。小朋友们熟悉的 Wi-Fi 就是构成广义网络的一部分。网络就像物理世界的高速公路一样，把大家紧密地联系在一起。

未来网络会越来越快、越来越"宽"。虽然我们生活中已常常忽略网络的存在，但是它却一直在默默发挥着巨大的作用。

大蚂蚁的第六条腿，对应"BIG ANT"的第六个字母代表的技术，T代表"Digital Twins（数字孪生技术）"。物理世界有一个你，元宇宙中也有一个你，你们长得就像双胞胎一样，难以分辨。不光是人，所有物理世界中看得见、摸得着的物体，也都在元宇宙中有一个对应的"孪生子"。要实现数字孪生，需要各种各样的先进技术，包括物联网、传感器等。

有了这六项基础的技术，元宇宙就可以跑起来啦。一只蚂蚁的力量非常弱小，但是许许多多蚂蚁联合在一起，就可以形成蚂蚁大军。蚂蚁大军所到之处，连老虎、狮子都得赶紧逃命。团结起来力量大，技术也是如此。单一的技术，力量比较弱小，但如果许多技术融合在一起，就具备了改变世界的潜力。

现在元宇宙特别特别火，有的公司计划未来转型从事元宇宙的相关工作，连名字都改了。美国有一家大名鼎鼎的互联网公司，其英文名称是"Facebook"，在美国就像中国的腾讯公司一样被大家熟知。现在，这家公司居然改名为"Meta"了。"Meta"是"Metaverse（元宇宙）"英文单词的前缀，改成这个名字就是想让大家记住它是一家元宇宙公司。

中国也有很多公司从事元宇宙方面的业务，有的在元宇宙中搭建各种建筑，有的给元宇宙开发新的配套设备，比如VR头盔、AR眼镜，还有的在开发许多应用软件，当然也还有一些游戏公司。

这些公司需要各种各样的人才，尤其是那些特别有创造力、想象力的人才。希望《给孩子讲元宇宙》这本书，能给小朋友们插上想象的翅膀，让你们在元宇宙的世界里，飞得更高，飞得更远！

《元宇宙》作者　赵国栋

2021年11月10日于北京石景山

元宇宙里的"四世同堂"

平清澄是一位脑洞大开的宝宝,特别爱听妈妈讲他小时候的故事。

有一天,妈妈告诉平清澄,姥姥要回济南去照顾病重的老姥姥①了,平清澄很难过,问:"为什么老姥姥不能来上海呢?为什么我们不能一起回济南呢?"

时间这个维度上,我们四代人,因为各自的际遇,生活在不同的空间,清澄、妈妈生活在上海,姥姥与老姥姥生活在济南,但为了帮助妈妈照顾清澄,姥姥从济南来上海8年了。四世同堂是个美妙的词,但现实中太难"同堂"了。

晚上快入睡时,平清澄好奇地问:"为什么我跟爸爸、爷爷都姓平,妈妈姓焦、姥姥姓赵、老姥姥姓吉呢?是因为男生都同一个姓,女生都是不同的姓吗?"

---
① 老姥姥,山东方言,指外曾祖母。姥姥指外祖母。

妈妈被这个深刻的问题给难倒了，打算"曲线救国"，于是告诉平清澄："没关系，虽然我们都是不同的姓，但我们还是小宝宝的时候，都住在妈妈的肚肚里，你踢一脚我知道，我踢一脚姥姥知道，姥姥踢一脚老姥姥会知道的！"

平清澄突发奇想，说："那我回到你的肚肚里，你带着我回到姥姥肚肚里，姥姥带着我们回到老姥姥肚肚里，我们不就能住在一起了？我学过这个词语，叫'四世同堂'！"

妈妈哈哈大笑，顺着平清澄的话，说："还真是四世同'膛'呢！真是个好主意啊！那你给这个家取个名字吧！"

平清澄认真思考了一会，说："这是我们四个人的家，可以叫吉赵焦平吗？"

妈妈也思考了一会儿，说："以后在元宇宙中，妈妈帮你建一个家，名字就叫吉赵焦平，这样我们跟姥姥、老姥姥就能生活在一起了。"

平清澄瞪大眼睛，问："元宇宙？在哪里？我们怎么去？要带行李吗？"

妈妈很认真地说："元宇宙是网上的、虚拟的，当你戴上一个大眼镜，选一个自己的形象，就能在里面跟老姥姥聊天、讲故事、牵着她的手出去玩啦！"

平清澄震惊了，连忙问："那老姥姥怎么去找我们呢？她也要带上大眼镜吗？我牵她的手，她能感觉到吗？"

妈妈回答道："是的！她能感觉到你牵她的手，她跟你一样，带上大眼镜，去元宇宙里，找到'吉赵焦平'这个家，我们就能住在一起，说话、聊天、讲故事、一起出去玩了！"

平清澄慢慢睡着了，相信他在梦里，一定在思考怎样装饰"吉赵焦平"的家，过着当下难以实现的"四世同堂"的梦想生活。

感谢改革开放，感恩盛世太平，感念教育改变命运。时间维度上，我们四代人，一代比一代好，但缺失了空间上"同堂"的温情，仔细想来，虽不后悔，但有遗憾。元宇宙作用于人的三个维度——时间、空间、体验，能解决当下我们四世同堂的时空限制，也能让平清澄牵着老姥姥的手，老姥姥感觉到平清澄柔软的小手，肯定会特别高兴！

打开几千年的历史卷轴，近三四十年中国的发展太快了。科技日新月异，终究是要解决我们最需要的现实问题，那些孩子们美好的愿望，成长中不可避免的遗憾之处，希望元宇宙能帮他们实现、填平！近在眼前的元宇宙世界既能一比一地还原现实世界中的身份、社会关系、生活环境等，又能在此基础上，创造、重塑、融合和跨越，这是一个多么令人期待的未来啊！即将生活在元宇宙时代的小读者们，如果你们迫不及待想进入这个世界一探究竟，就从这本《给孩子讲元宇宙》开始吧！

《元宇宙大投资》作者　焦娟

目录

写给小朋友们　1
出行必知常识　4

第一站　向虚拟现实的世界，出发！
什么是虚拟现实？虚拟现实需要什么？

✦ 马罗特×陆小新，走进虚拟现实的世界！　10
🔍 魔法般的虚拟现实技术，你的真面目到底是什么？　24

第二站　虚拟现实需要这么多人参与？！
虚拟现实的历史和相关的职业

✦ 陆小新和帕尔默·拉奇一起见到了虚拟现实的创造者们！　42
🔍 创造虚拟现实和元宇宙的人们，虚拟现实的过去、现在和未来　58

第三站 守护朋友诺宝的梦想
用虚拟现实技术奇迹般地解决难题

✦ 特殊使命！帮助诺宝！　　　　　　　　　　　　　70
🔍 虚拟现实技术，打破界限，创造更光明的世界！　　84

第四站 我和爸爸去虚拟现实烹饪教室
无接触和元宇宙，实现自由的虚拟现实技术

✦ 铛铛！虚拟现实烹饪教室开课啦！　　　　　　　　96
🔍 利用虚拟现实技术在无接触社会中机智生活！　　108

第五站 虚拟现实的未来由我们创造
未来科学，关于虚拟现实的各种困惑

✦ 真实存在于"现实"之中　　　　　　　　　　　　118
🔍 虚拟现实技术的未来，我们应该思考什么？　　　130

写给小朋友们

"我们真的可以把虚拟世界当作现实吗?"

虚拟现实技术就是从这个简单的问题出发,用电子技术创造出一个十分逼真的虚拟世界。

回想一下我们从早上醒来到晚上入睡的一天吧——早上吃完早餐来到学校,和老师同学们共度一天;放学后上兴趣班,和朋友们一起度过一段快乐的时光;到了晚上,边发牢骚边做着让人头疼的作业,抽空再读会儿书、看会儿电视或是玩会儿手机……

虽然我们不一定每天都过着完全一样的生活,日子却总在相似的生活中流淌。不过,我们可以在虚拟现实的世界中把生活过得更加丰富多彩。你可以成为超级英雄或是著名的足球运动员,可以在元宇宙中操控着可爱的虚拟形象,熟练地跳着现实中不会跳的舞,或是帅气地唱着现实中不会唱的歌,也可以和身在远方,现实中很

难见面的朋友一同玩耍，甚至还可以把平时喜欢的电视剧或动漫中的人物邀请到家中。

如果这些都能实现的话，可真是太棒，太开心了！可是，如果虚拟世界更有趣更快乐的话，我们还会想要回到真实的现实世界吗？我们的大脑还能分辨出哪个才是真正的现实世界吗？我们究竟应该怎样在现实生活中应用这项技术，又应该应用到何种程度呢？

这些问题难以回答，谁都无法轻而易举地给出答案。但即便如此，我还是希望你们能够通过这本书思考这些问题，找到属于自己的答案。

最后，感谢韩国电子通信研究院湖南研究中心的李吉行院长和韩国电子通信研究院的郑吉浩主任，他们对本书的问世提供了莫大帮助。我的请求非常唐突，但李吉行院长宽容地接受了它们，使我能够安心地创作此书。为了给孩子们献上更加丰富有趣的内容，杨

雄谚博士欣然同意我使用相关图片，我的好朋友玄富谚也为我提供了炫酷的 VR 设备 Oculus Quest①照片，在这里向他们一并致谢。还要感谢潘帕斯出版社的朴善熙编辑，长久以来她为我提供了巨大帮助。

将此书献给我的两个女儿——这世上独一无二的夏琳、夏润。

---

① Oculus Quest是Facebook生产的一款VR游戏主机，见后文第33页下半部分。

PLAY

出行必知常识

▶ 公开测试（Beta Test）

为了检测硬件和软件产品上市前是否有问题，开发这些产品的公司会邀请一些使用者提前试用。贝塔测试又叫作"公开测试"，简称"公测"，进行贝塔测试的人就叫作"贝塔测试者"。

▶ 显示器（Display）

显示器是将数据进行可视化的装置。计算机显示屏和手机屏幕都属于显示器。

▶ 触觉反馈技术（Haptic or Tactile Feedbacks）

　　触觉反馈技术指在使用键盘、鼠标、手柄、触摸屏向电脑输入信息时，通过作用力和振动为我们再现触感的技术。手机振动是最常见的表皮触觉反馈技术。

▶ APP（Application）

　　APP 指使智能设备适用于各种目标的应用程序。

▶ 非玩家角色（NPC，即Non-Player Character）

　　非玩家角色指游戏中不受真人玩家控制的角色，在不同的游戏中可能由跟随程序移动的机器人或人工智能来控制。

▶ 无接触（Untact）

　　无接触指人们不直接见面，通过自助机、聊天机器人、虚拟现实等尖端技术而提供的服务。在接触（Contact）的词根（tact）前添加否定含义（Un）而合成的词语，也叫作"非面对面"。

▶ 聊天机器人（Chatbot）

　　聊天机器人指使用语音和文字与人类进行对话的电脑程序。聊天机器人收到消息后会分析其中的关键话语和词汇，然后进行回复。

▶ 物联网（IoT，即Internet of Things）

　　物联网指将物品接入感应器和通信功能并连接互联网，也就是通过无线通信将各种物品进行连接的技术。通过物联网技术，我们仅凭一部手机就可以控制家中的安保系统、温度、电力、电视等。

▶ 内容（Contents）

　　内容指电影、音乐、戏剧、文艺演出、照片、漫画、电脑游戏等文化内容产品，即人们创作产物中的教育娱乐项目。为了销售而制作的广告或单纯传达事实性信息的学校课程表、图书目录等不算内容。

元宇宙（Metaverse）

元宇宙意为三维虚拟世界，由英文"meta"和"universe"组合而成，其中"meta"代表虚拟和超越，"universe"意为世界和宇宙。元宇宙是"真我"的替代品，即互联网等虚拟宇宙，是人们创造出的"虚拟我"，并操纵"虚拟我"进行各种各样活动的地方。

小朋友们好!欢迎来到前往虚拟现实世界的第一站。在这一站,马罗特和陆小新将通过游戏进入虚拟现实的世界。让我们跟他们一起体验一下虚拟现实游戏吧!

第一站

向虚拟现实的世界，出发！

什么是虚拟现实？
虚拟现实需要什么？

马罗特×陆小新，
走进虚拟现实的世界！

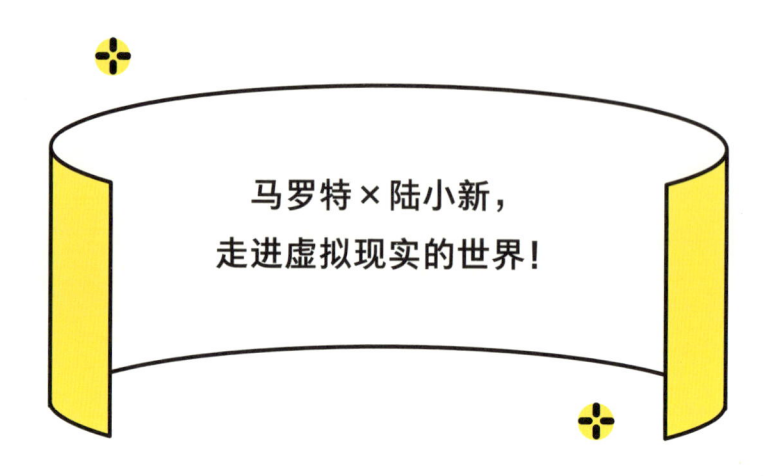

马罗特　ID 马虎马罗　　登录（Log-In）

陆小新　ID 陆路新　　　登录（Log-In）

开始游戏（Game Start）

游戏中，火车站里挤满了各种有趣的虚拟形象。马罗特一边展示着自己精心设计的虚拟形象，一边寻找陆小新的虚拟形象。

"你现在在哪儿呢？我怎么还没看见你啊？你不会还在看游戏说明吧？"

"当然不是，我也进入游戏了，就在你身后呢。"

马罗特的形象刚一转身，陆小新的形象就冲他挥了挥手。两人向车次信息栏走去。

许多线上玩家正伸着脖子向前眺望，思考待会儿要去哪里。马罗特和陆小新决定去自然历史博物馆，便投币购买了车票。刚上火车，他们就感觉身体被卷入一股漩涡之中。在兴奋的尖叫声中，他们到达了美国史密森尼博物馆雄伟的门前。四周空无一人。

"感觉除了我们没有别人呢，看来我们要独享整个博物馆了！"陆小新兴高采烈地说。

他们俩太激动了，心脏扑通扑通地跳个不停。二人推开博物馆的大门，里面一片漆黑。

从遥远的另一边传来"咚——"的一声，然后一声接着一声，"咚——咚——咚——"，声音不断地传来……紧接着出现的，竟然是一只巨大的恐龙！确切地说，是一只恐龙的虚拟影像。

"嗷——"

陆小新和马罗特被这逼真的声音和影像吓得心跳加速。这时，虚拟恐龙完全显露出来了。原来是一只巨大的霸王龙!

只见它高举着两只短短的前爪,向他们张大了嘴巴:"嗷——"

两人争先恐后地拼命跑起来。等一下,这是怎么回事?对面出现了一只速龙。马罗特和陆小新竟然不知不觉被困在霸王龙和速龙中间了!

"那……那是什么?"

"是速龙——身体虽小但相当凶猛的家伙。"

恐龙达人马罗特的话让陆小新咽了口唾沫。

"它是肉食动物吧?"

"那当然了!"

和吓坏了的陆小新相反,马罗特十分兴奋。不知是幸运还是不幸,两只恐龙正相对而立,怒目而视。眼前的恐龙皮肤纹理清晰,连动作都栩栩如生,让他们感觉仿佛真的来到了遥远的白垩纪。

"它的皮肤看起来好坚硬啊!真想摸一下。"

"够了!这样我们会被抓住吃掉的!"

轰隆隆……

陆小新的话音刚落,身后就传来不祥的声音。紧接着,他们就听见了恐龙呼呼的喘息声。

他们心惊胆战地慢慢转过身，只见另一只速龙正盯着他们。紧接着，它后面又出现了两只速龙！

"啊——"两人尖叫着飞奔起来。

听到他们的声音，原先还在对峙的速龙和霸王龙也开始朝着他们的方向追去。

"哐——哐——"

恐龙的脚步声好像就在他们身后了！飞奔的陆小新突然滑倒在地，她对面的霸王龙立刻向她张开大嘴。眼看陆小新就要被巨大的恐龙吞下去，两人的身影瞬间消失得无影无踪。

"好晕！"

马罗特深吸一口气，把头戴显示器（HMD）甩在一边，陆小新也摘下虚拟现实（VR）设备长舒了一口气。他们至今已经玩了不少虚拟现实游戏了，但这样真实的游戏体验还是第一次。

ID:马虎马罗

ID: 陆路新

"哇，游戏不知不觉就结束了。"

"是啊，我还以为真的会被吃掉呢。"

"我浑身都起了鸡皮疙瘩！你呢？"

"嗯，我的脖子甚至还能感受到它的呼吸！"

真是太吓人了，马罗特摇了摇头，说："这真是给小学生准备的吗？也太可怕了吧！"

陆小新突然笑出声来："但还挺有意思的。"

"这倒是。"

虽然这次经历紧张又刺激，但他们可不想再来一次了。

"幸亏我们申请了这个，可太酷了。"

"是啊。"

那是一个月前，两人看见常玩的游戏公司发布了招募公告，新的虚拟现实游戏要募集公测人员，一旦被选为测试者，就可以体验公司出品的所有虚拟现实游戏。两人十分激动地提交了测试者申请。

没想到上周两人同时得知自己被选中了！

昨天马罗特终于收到了游戏公司寄来的虚拟现实设备和公测连

接权限。于是两人约好今天要在马罗特家中一起体验新游戏。

"啊，对了！我们连上传使用体验的照片都还没拍呢！"

"是啊！"

马罗特立刻拿出手机，拍下了他们穿戴过的游戏设备，接着又打开增强现实（AR）照片APP。陆小新在照片上加了猫耳朵贴纸，马罗特则加上了帅气的牛仔帽贴纸，然后两人又拍了一张合照。

"嗯，这很适合你。我们以后也这样装饰我们的虚拟形象吧。"马罗特看起来很满意这张照片。

"好啊！"

马罗特和陆小新把快递箱又翻了一遍。

"这次咱们试试这个吧。"

两个人把MR（混合现实）游戏眼镜设备戴在头上，握起触觉传感器（传递触觉和动作的操控装置）。体验过VR（虚拟现实）游戏后，两人有点好奇MR（混合现实）游戏了。

两人兴奋地登录游戏。他们看到眼前的桌子和椅子突然变成了树木的图像，床和地板上也全都布满了小草的图像！

眼前的景象让马罗特瞠目结舌——自己的房间正慢慢变成绿色的森林！这太令人震惊了！

天蓝色的小鸟轻声歌唱，在旁边自由地飞翔。

这时，从两人身旁飘来一个可爱的圆圈："你们好，很高兴见到你们！你们想要做些什么呢？"

小圆圈的声音动听，长相可爱。

陆小新犹豫了一会儿，问道："除了森林，还可以去其他地方看看吗？"

"你想去什么样的地方？"

"我想去太空！"

陆小新的话音刚落，绿色的森林就变成了漆黑的太空。除了马罗特和陆小新的虚拟形象，还有那个来历不明的小圆圈之外，周围的一切都变得乌黑昏暗。

在茫茫的黑暗之中，好像有什么东西在闪烁着，越来越亮，朝着陆小新和马罗特的方向飞来。

"哇，那个是哈雷彗星吗？"

陆小新还没来得及回答马罗特，哈雷彗星就已经从他们身旁掠过了。小圆圈轻轻碰了一下哈雷彗星的尾巴，彗星就停住不动了。

他们俩赶紧把握机会抓住蓝晶晶的彗尾。彗星轻轻托起他们，点亮自己的尾巴，继续绕着太阳旋转。

"哇，竟然是尘埃和小石块啊。"陆小新在彗尾里高声惊呼。

小圆圈立刻说道："对，这就是彗星的彗尾，由极稀薄的气体和尘埃组成。"

彗星好像听懂了小圆圈的话一样，轻轻摆了摆彗尾，那条蓝色尾巴就像小狗尾巴一样摇来摇去。

"哇……"

这种感觉就像在宇宙中漫步。陆小新和马罗特骑在彗星的背上，依次经过了水星、金星、蔚蓝的地球和火星。经过体积巨大的木星时，木星球体上的红色光斑像眼睛一样随着陆小新和马罗特转动，好像是在对他们行注目礼。不知不觉间，那个著名的土星环已经近在眼前了。

"哇，它的线条看起来好流畅啊，就像妈妈珍藏的老唱片一样。"

听了马罗特的话，陆小新问小圆圈："我们可以去那里吗？"

"当然可以。"

小圆圈的话音刚落，彗星就直奔土星而去。陆小新想象着，土

ID: 马虎马罗　　ID: 陆路新

星环看起来流畅光滑,说不定还能在上面滑滑梯,然而,当他们进入到土星环内部后,只看见那里到处都漂浮着大大小小的冰块、陨石等。

那些冰块、陨石已经撞到陆小新和马罗特的身体了!幸亏这些只是影像,身体并没有任何感觉。

"哇,那里……你快看那里!"陆小新惊呼。

小圆圈用可爱的声音说道:"前面那一闪一闪的就是天狼星了。"

"哇!"

"它是离地球最近的恒星之一,距离地球大约 8.6 光年。现在你们看到的斜着连成一条线的三颗星星属于猎户座,距离地球大约有 1500 光年。"小圆圈接着说。

"1500 光年?我们怎么突然来到了这么远的地方?"陆小新惊讶极了。

小圆圈漂浮起来,回答道:"1 光年大约是 95 000 亿千米,我们现在正以每秒 2 400 000 亿千米的速度前进着。"

之前因为沉迷于周围的新奇景象还没有察觉,听到这句话,马罗特和陆小新对速度的感知突然变得格外强烈。

陆小新甚至连路都走不稳了,她赶紧摘掉了眼镜。头晕目眩的她感觉下一秒就要吐出来了。

马罗特也好不到哪儿去:"哎呀,我受不了了。"

正在这时,马罗特的妈妈进来了,猛地拍了一下马罗特的后背。

"妈妈,我……我好像要吐了。"

"我就说嘛,谁让你们玩这么长时间的游戏。"

"阿姨,这和普通的游戏不一样,我们可以学到关于太空的知识呢。"陆小新替马罗特认真地解释着。

但是马罗特妈妈的态度依然很坚决:"你们都别玩了,赶紧出来吧。"

"好吧。"马罗特一脸沮丧地回答。

妈妈一出去,陆小新和马罗特就乖乖地收拾起游戏设备。

"啊,真的太晕啦。"

"就是说啊,这个游戏本来就这么刺激吗?"

"谁知道呢。"说着,陆小新看到了说明书上的警告语:"游戏过程中若出现头痛或恶心的情况,请立即停止游戏。"

"早知道我们就应该先看看说明书的。"

"但是……真有意思！"

"对，太有意思了！"

头晕只持续了一小会儿，他俩就又跃跃欲试，还想再玩一次。这时门外传来了马罗特妈妈的声音："都说了让你们俩别玩了，快出来吧！"

马罗特和陆小新满脸通红，急忙走出房间。

PLAY

魔法般的虚拟现实技术，你的真面目到底是什么？

　　1895年12月28日，在法国巴黎某个咖啡厅的地下室里，卢米埃尔兄弟公开放映电影——这是世界上最早的电影。即使需要交一法郎的入场费，人们依旧蜂拥而至。兄弟二人发明了一个"活动电影机"，并用此拍摄出了世界上第一部电影《列车进站》。灯光熄灭，影片开始播放。屏幕上的火车开动了，观众们都害怕得四散奔逃，因为大家都害怕屏幕中的火车会冲出来撞到自己。直到后来，人们才意识到那只是接近实际影像而拍摄的电影。

　　自此以后，数不清的电影、书、广播、电视节目等文化作品被创造出来，激发了人们的想象力。但是现在作为观众的我们和

卢米埃尔兄弟

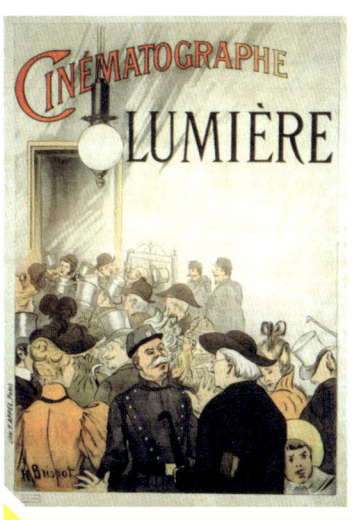

1895年《列车进站》海报

上面这个故事中的观众又不同了。即使巨大的屏幕中出现了汽车或是怪物，再也没有人会逃跑了。"啊，那是假的！"这种认知将屏幕上呈现的一切和观众隔离开了。人们第二次看电影的时候，就体会不到那种害怕的感觉了。

那么虚拟现实技术又会怎样呢？我们在虚拟现实中沉浸式地体验被加工改造过的世界。虚拟现实虽然也不是真实的，但与电影、书、广播、电视节目等现存形式相比，它缩短了文化作品与受众间的距离。1895年上映的电影只是带给人们火车要冲出屏幕的那种感觉，但虚拟现实却是可以亲眼看见、亲手触摸的，给人带来仿佛身临其境的虚拟体验。

虚拟现实技术让人不禁想起 1895 年在咖啡厅地下室里坐着的观众们。今天的我们就像那时的他们一样,可能会因为担心自己被撞到而吓得魂飞魄散。这都有赖于可以完全模拟现实的虚拟现实技术。

现在我们开始认真了解一下到底什么是虚拟现实技术吧!

虚拟现实、增强现实、增强虚拟现实、混合现实有什么区别?

虚拟现实、增强现实、增强虚拟现实、混合现实虽然在技术上略有不同,但都可以归于虚拟现实这一大类。

▶ 虚拟现实(VR,即Virtual Reality)

虚拟现实是百分之百由人工绘制的虚拟图像世界。在头上佩戴眼镜一样的头戴显示器(HMD)专用设备就可以看到栩栩如生的虚拟现实世界。在这里,"真我"操控"虚拟我"进行各种活动,"虚拟我"在虚拟世界里进行探险。大家要记住"头戴显示器"这个词,后面还会经常出现的。

▶ 增强现实（AR，即Augmented Reality）

增强现实是在现实影像中混合虚拟事物，或在现实事物上覆盖信息图片，而呈现图像的电脑图像技术。举个例子，在你们的房间里，也就是在现实空间中看到的虚拟图像就属于增强现实，这主要通过AR眼镜或类似智能手机的移动设备进行实现。大家知道《精灵宝可梦（Pokemon Go）》这个游戏吧？这是典型的增强现实游戏。现实世界里的"我"可以通过增强现实直接使用虚拟图像，也就是说，"真我"可以实景捕捉虚拟的宝可梦。

《精灵宝可梦》是通过AR技术使精灵宝可梦看起来真实出现在草地上的游戏。虽然现实中的草地上并没有精灵宝可梦，但通过智能手机，精灵宝可梦看起来就像真的在草地上一样。

▶ 增强虚拟现实（AV，即Augmented Virtuality）

在增强虚拟现实中，虚拟世界中的物体和人都是实际图像合成的，和虚拟现实环境实时交互。想象一下用头戴显示器在虚拟世界中成为老师的场景吧！你可以站在可爱的虚拟形象前面，用

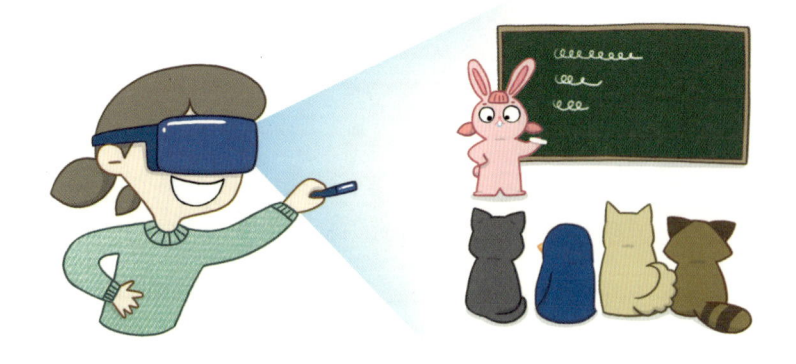

现实中的笔一边在虚拟的黑板上写字，一边给同学们讲解。

这里使用的笔虽然是能与电脑连接进行移动轨迹记录的特殊用笔，但确实是现实世界中存在的物品。也就是说，现实中的物品通过虚拟现实技术也可以在虚拟的黑板上写字。

▶ 混合现实（MR，即Mixed Reality）

大家还记得马罗特的房间变成了森林和太空吗？那其实就是混合现实技术。它可以将计算机动画（CG 动画）制造的虚拟现实影像与现实世界的图像合成，以帮助人们加深对现实世界的理解。

举例来说，你可以想象自己正和小伙伴们坐在体育馆里，突然，一条巨大的鲸鱼从地面上一跃而起，溅起一地水花。人们着实被眼前的这番场景吓了一跳，而鲸鱼却悠闲地摆摆尾巴，游着游着便消失了。大家不仅看到了鲸鱼和溅起的水花，还听到了鲸鱼划过水面的声响。

实际上，既没有鲸鱼，也没有海水。这就是一家名为"Magic Leap（神奇的飞跃）"的混合现实技术公司在2015年制作的混合现实视频作品。

这个视频作品最让人惊讶的是，体育馆中的孩子们没有佩戴专用设备也可以通过实时全息影像切身体验到虚拟场景。在5G网络环境下，全息影像、和实物完全相同的3D图像都将顺畅地应用于现实世界……混合现实技术正朝着这些方向努力发展，将来会发展到何种程度令人十分期待！

虚拟现实如何让人体验到真实？

虚拟现实技术中最重要的是什么呢？那就是与现实世界的相似度。因为它要让进入虚拟世界的人忘记"虚拟"本身，而沉浸其中。

正如计算机图形学之父伊凡·苏泽兰所说："虚拟世界看起来就是真的，像真实世界一样自然运转，人们能像在真实世界中一样听见声音，感知万物。"这才是最重要的。可要达到这样的效果，我们该怎么做呢？

这就要提到我们的大脑了。我们的大脑虽然非常精密复杂，却出人意料地容易上当。比如说障眼法，也就是常说的视错觉，就是大脑"上当"后做出的错误判断。

大家想象一下这样的场景：你正在过桥，突然桥面出现了一个大洞，洞里有一把圆形的椅子和一根闪着光的蜡烛。毫无心理准备的你走到这里，一定被吓坏了吧？然而椅子和蜡烛并不是真实的，仅仅是一张图片而已。

这叫作"错觉艺术"，是利用了视错觉的障眼法。

视错觉的产生源于我们大脑的固有特征。眼睛看到物体后，即使该物体消失，其形态和颜色也会在大脑中短暂保持一段时间。

巧妙地使用光的折射以及有意识的障眼法，视错觉有时就有可能给人们带来身临其境的感觉。

这样的障眼法需要在特定的某处看才能够实现，

使用错觉艺术技巧的图片

远了几米或是近了几米都不行。如果你正走在这样的桥上，一定立刻就会发现那并不是真正的椅子和蜡烛，只是图片而已。因此要想制作逼真的虚拟现实，就要做到在任何视角都能够让人们产生视错觉。

为此产生了一种追踪头部活动的技术——"头部追踪技术（Head Tracking）"。戴上头戴显示器后通过头部追踪技术感知头部活动，还能够直接看到我们活动方向上显示的视频。

如果没有头部追踪技术，我们突然向后转头时，头戴显示器将无法展现背部方向的影像。这样的话，不管图像多么逼真，虚拟世界里的影像也是断裂的，人们看到断裂图像的瞬间就会意识到这并非现实。所以，多亏头部追踪技术，人们才能体验到与真实世界高度相似的虚拟现实世界。

神通广大的虚拟现实设备的制造原理是什么？

人们通过眼睛获取的信息是最多的，但是左眼和右眼看事物的角度有着非常细小的差异，而人的两眼间距大概为65毫米，因此左眼和右眼看到的物体存在细微的差别，专业点儿来说，这种现象被称为"两眼视差"。

我们的眼睛通过这细微的差别能够感知物体和我们之间的距

离。因此，如果遮住一只眼睛，人是无法准确把握距离的。大脑根据两只眼睛看到的不同信息制造出三维的立体影像。和二维的平面信息不同，三维的立体影像能够呈现高度和空间感，十分真实。

虚拟现实设备就是利用了眼睛和大脑的这种特征而设计出来的。就像人的眼睛一样，虚拟现实设备通过两个镜头调整视野的角度，创造了一种透视感。这使我们通过平面也可以像现实一样感受三维的立体感，因此虚拟现实设备实际上扮演着人脑的角色。

想要尽情享受虚拟现实需要什么？

如果你现在想要踢足球，但是又出不去，那可不可以在虚拟

上面是代表性VR设备Oculus Quest的实拍图。机器里面的两个镜头就像人的两只眼睛。

足球场上踢足球呢？让我来告诉你吧。创造虚拟足球场主要有两种方法：

首先，拍下真实的足球场四周的景色，然后将其制作成虚拟现实的影像。这时要用"360度全景摄影机"这种特殊的相机对四周进行拍摄。最近韩国研制出项链形状的360度全景摄像机，价格相对低廉，普通人如果有兴趣也可以购入用来拍摄虚拟现实视频。中国的华为公司也已经推出了类似设备。

其次，制作足球场的矢量图。你可能会问，矢量图是什么呀？简单地说，矢量图就是通过电脑绘制的图形。为此，你需要一台计算机、各种软件和专业绘制设备。通过这些可以制作出人们手绘时难以表现的色彩、明暗对比、形状、动画等效果。想要制作和现实一样的天空、草地、球门等三维动画影像，当然需要优秀的矢量图技术，不是吗？

此外，如果我们带着头戴显示器在虚拟现实中踢球的话，应该随着视线位置移动而显示不断变化的矢量图影像（蓝天、草地、门柱等足球场环境），因此所有的位置都需要三维的矢量图影像。

还记得我们之前提过的头部追踪技术吗？要想让虚拟世界和真实世界一样，只关注目视的正前方还不够，还有左右方、背后，甚至上下方，这些画面也要提前输送到显示器上。只有这样，在我们看向某处的那一刻，才能够及时看到那里相应的矢量图影像。换句话说，如果我一开始在看球，紧接着又看向球门的话，画面也应该首先显示球和足球场的草地，紧接着立刻显示球门才行。

用智能手机玩足球游戏时只要显示一个从上方俯视的平面足球运动场就可以了，但虚拟现实中必须要展现360度的全景图像才行。比起平面，全景矢量图所消耗的流量明显要多很多。想要迅速连接巨大流量的话，连接流量和设备的通信网络（通常指千兆无线网络、LTE网络、5G网络等）必不可少。

提到网络和运算技术，就不得不提"云计算"。例如，若智能手机上的照片太多，就不能全部存储在手机里。这时，我们就可以选择将照片放到一个名为"服务器"的地方，然后通过网络访问这些照片。这是一种比较先进的存储方式，能够为元宇宙用户提供功能更强大、更轻便的设备。

除了要准备好出色的全息影像技术和优良的移动通信网络外，还有一种装备不可或缺，那就是"虚拟现实设备"。

虚拟现实设备——承担起真实的视觉和触觉的责任

头戴显示器（HMD）佩戴场景

头戴显示器是最具代表性的虚拟现实设备，最早于1968年由伊凡·苏泽兰制造，是佩戴在头上以显示虚拟现实景象的装置。现在很多公司都在制造头戴显示器，但如果只有这一个以模拟视觉为主的装置，人们还难以充分地体验虚拟现实世界。即使足球场看上去和真的一样，若无法体会到微风的凉爽，无法感受草地的柔软，也听不到足球撞击球门的声音，也就无法让人感受到身处在真实的足球场。

如果想要体验完美的虚拟现实，需要调动我们的五感，也就是视觉、听觉、触觉、味觉、嗅觉。虽然现在的技术还不能完全动用五感，但触觉和视觉的同时感知已经实现了。通过压力、振动、冲击、运动的衣服或手套而实现的触觉技术叫作"触感技术"。

触感技术，是传感技术的一种。还有好多种传感技术，譬如电子体温计应用的温度传感技术。只是有些体温计没有安装"芯片",不能把测量的体温直接传给电脑。如果给体温计装上"芯片",就成了体温传感器。

穿着有触感技术的衣服,戴着手套在虚拟现实中踢足球会是怎样的一种体验呢?

踢足球时衣服上附着的系统向身体传递电信号,就会有一种真的在踢足球的感觉。

我们还需要"运动模拟器(Motion Simulator)",这是给人虚拟运动体验的设备。其中有长得像跑步机一样的模拟装置,人们在上面跑步感觉就像真的在足球场跑步一样。还有类似汽车驾

增强现实视觉装置:通过增强现实而创造的视觉装置。智能装置中通过激光雷达传感器来精准测量距离。激光雷达传感器通过测量光照射到物体后反射回来所需要的时间,进而测算距离。通过激光雷达传感器,智能装置可以使虚拟物体在视觉上与现实相重叠,精准测算出现实中实际物体的准确位置。知道了实际物体的准确位置,激光雷达传感器就可以判断虚拟物体与实际物体间的距离,并将虚拟物品呈现在合适的位置上。

驶座椅、飞机和轮船的驾驶舱的模拟装置，坐上去以后可以体验到驾驶汽车、飞机和轮船的感觉。除此以外，还有为增强现实和混合现实而准备的装置。

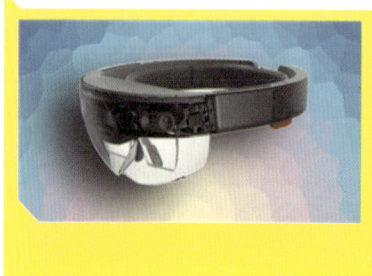

左图所示为混合现实视觉装置：微软Hololens眼镜。这种像眼镜般的透明装置通常被当作增强现实设备使用。当需要用作虚拟现实设备时，眼镜可以变成非透明体，在眼前制造出虚拟空间。这种眼镜可以用于施工现场勘测，也可以在军事、航空航天及医疗产业等领域使用。美国航空航天局主导的阿尔忒弥斯计划中，人们借助Hololens眼镜完成了载人宇宙飞船"猎户座"的组装工作。制造宇宙飞船所需要的信息可以直接在Hololens眼镜上显现，这使得工作人员即使身在不同空间也可以准确迅速地进行操作。

虚拟现实技术也存在问题！

简单来说，虚拟现实是欺骗大脑的技术——真实的身体在房间中，但大脑以为我们正在太空中漫步，在坐过山车，在玩滑翔伞……我们在虚拟现实中进行美妙体验时，感官却在忠实地执行着大脑发出的指令，去看，去听，去闻，去感受。

但是用这样的科学技术欺骗我们的大脑也没关系吗？虚拟现

实中大脑接收的信息和身体接收的信息不同，大脑在畅游时，身体却跟不上，自然会产生头晕的症状，这就叫作"3D 眩晕症"。

3D 眩晕虽然只是暂时的，但如果反复发生，掌管身体平衡的内耳前庭器官的功能就会变弱，人进而会失去方向感。除此以外，还可能会出现眩晕、恶心、头痛、强迫症等症状，或是由于光线忽明忽暗导致视力变差。

这还不是唯一的问题。早期的头戴显示器过重，易导致脖颈酸痛。虽然最新的头戴显示器的重量轻了 700 克，但长时间使用仍会导致头部重心前移，这时脖颈所承受的重量是平时的 5 倍以上，颈骨、肌肉、韧带都可能因此受伤，这些都是日后需要继续思考和改进的部分。

这一站让我们一起了解"虚拟现实技术"的发展历程,以及创造该技术的工作者吧。陆小新进入了虚拟现实游戏,和一位神秘人物一起进行了一场旅行。一起去看看吧!

第二站

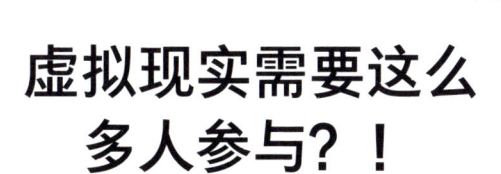

虚拟现实需要这么多人参与？！

虚拟现实的历史和相关的职业

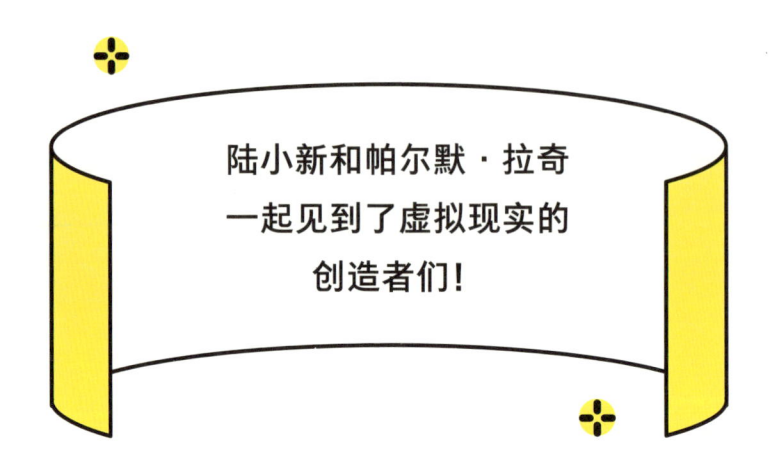

陆小新和帕尔默·拉奇一起见到了虚拟现实的创造者们!

陆小新带上头戴显示器,进入了刚购买的虚拟现实游戏。

"哇,和真实的蓝天一模一样啊!"

游戏中,晴朗蔚蓝的天空一览无余,树木散发着清香,一栋二层小楼竖立在眼前,小楼前是一辆破旧的露营车。小鸟婉转的歌唱声和蜜蜂飞舞的嗡嗡声尽收耳中,这里和真实的世界简直一模一样!

开始游戏!请ID陆路新玩家寻找帕尔默·拉奇。

正在欣赏沿途风景的陆小新收到了游戏弹出的消息。

"啊，对了，我现在是在游戏中呢！"

陆小新迅速查看了任务信息，游戏任务是和帕尔默·拉奇的虚拟形象一起进行探索，发现和虚拟现实相关的职业。帕尔默·拉奇不就是虚拟现实头戴显示器 Oculus Rift 的创始人吗？怎么说是要寻找帕尔默·拉奇呢？不应该是和他一起进行游戏吗？

"唉，早知道就看完说明书再进来了。"一头雾水的陆小新再次对自己"走一步看一步"的想法感到后悔，但即使这样她也还是懒得退出游戏去看说明书。

"哼，好啊，这是在和我玩捉迷藏吗？"

陆小新想起帕尔默·拉奇就是在家门口的露营车里制造出了头戴显示器，于是向露营车走去。

"不好意思，打扰了。"她推开露营车的车门，"咦？怎么没有人啊？"

露营车中一片狼藉，各处散落着爆米花残渣、空的饮料瓶、金属焊接器、被拆解的智能手机、电脑、VR 游戏机、游戏软件等物品，还有一些叫不上名字的设备。陆小新仔细地寻找着可能有用的线索。

这时，突然有一个晃眼的东西映入眼帘。眼前的虚拟世界和现实世界几乎一模一样，但只有它很突兀，类似某种电脑矢量图形。

"这是什么？长得和眼镜一样……"

获得重要道具：AR眼镜。

从现在开始，所有消息都将通过AR眼镜通知。

"AR？增强现实眼镜吗？"

陆小新试着戴了一下，就像现实中的AR眼镜一样，眼前弹出了通知的文字。

"哇！"

此游戏的终极目标为寻找线索（智能手机）。

带着帕尔默·拉奇一起寻找线索吧！

也就是说，游戏最终通关的条件是找到智能手机？之前地上就有一部智能手机，看上去像是帕尔默·拉奇落下的。陆小新小心翼翼地捡起那部手机，解锁进入主界面，帕尔默最后浏览过的网页窗口弹了出来，页面上是关于"约翰·卡马克（John Carmack）"的搜索结果。

"约翰·卡马克？帕尔默为什么要搜索这个人呢？"

陆小新刚说到约翰·卡马克的名字，眼镜中就弹出了他的相关信息，既有他的个人简介，还附上了他的照片。据介绍，约翰·卡马克是著名的电脑游戏制作人以及AI（人工智能）研究专家，曾和帕尔默共过事。

陆小新歪了歪头，有些迷惑不解。

"难道帕尔默去见约翰·卡马克了吗？我又该怎样找到约翰·卡马克呢？"

眼镜好像听到了陆小新的问题，立刻弹出了"是否寻找约翰·卡马克"的选项。陆小新点击"确认"选项后，画面一闪，直接就跳转到了约翰·卡马克在公司的场景。

"哎呀！"

陆小新十分惊讶，眼前这个人一定就是约翰·卡马克了！办公室中有一张巨大的桌子，他在桌前和别人交谈。陆小新透过巨大的窗户，清晰地看到屋内的场景。她小心翼翼地向里张望，想进去问问帕尔默是不是也在这里。

"嘘——"

陆小新被这突如其来的声音吓了一跳。回头一看，是一张胖嘟嘟、圆乎乎的脸——帕尔默调皮地笑着。

"帕尔……默……？"

陆小新叫出帕尔默的名字，帕尔默立刻又比了个"嘘"的手势。

ID陆路新玩家已找到帕尔默。

帕尔默与陆路新建立朋友关系。

"我们是偷偷溜进来的,可不能被发现啊。"

帕尔默和陆小新说话的语气熟稔得就像是多年的好朋友。陆小新内心感到惊讶的同时,嘴上还在回应着帕尔默:"为什么是偷偷溜进来的啊?"

"约翰·卡马克联系我,说想使用我的头戴设备。游戏制作界的传奇人物竟然要用我的处女作在著名的游戏博览会上进行游戏展示,我能不好奇吗?至少也要先见见这是个什么样的人吧。"

听了帕尔默的话,陆小新十分惊讶。

"他竟然那么有名啊?"

"那当然了!虚拟现实设备要想被大众使用和认可,首先得有好的内容吸引他们。如果游戏是约翰·卡马克制作的话,我的头戴设备也会因此大放光彩的。行啦,我们出去吧。"

陆小新和帕尔默走到外面,这时眼镜弹出了新的通知。

场景一：

ID陆路新玩家，请选择与帕尔默一同前往的地点。

| 虚拟现实空间设计师兼元宇宙建筑师——朱空建女士的办公室 | 虚拟现实规划师兼游戏开发者——金计划先生的工作室 | 3D模型制作师——朴模型先生的办公室 |

陆小新可能因为刚见过游戏制作人约翰·卡马克，突然对游戏开发者的工作环境非常感兴趣，所以他选择了金计划先生的工作室。画面短暂地闪动之后，陆小新和帕尔默就来到了金计划先生所在的会议室门前。这间会议室和约翰·卡马克的办公室一样，四周都是巨大的玻璃窗。他们俩贴着窗户向里张望。

"受旅行社委托，我们需要制作一个虚拟现实旅行游戏。今天我们一起讨论一下吧。另外，虚拟现实空间设计师朱空建女士也会参与此次项目。"

哇！设计师也会来吗？

陆小新强忍欣喜——两个选项的人物聚在了一起，那找到线索的可能性也就变得更高了。

"嗯，的确应该重视虚拟旅行的相关体验。我们可以将旅行分为国内游和国外游，创造出两个不同的空间，让人们可以自由地选择旅行方式，就像旅行社的一条龙服务，可以增添几个特色选项：以疗养为主，以观光为主，还有以旅行体验为主。这个想法怎么样？"朱空建女士提议道。

"很不错。既然是游戏，是不是可以再添加一些游戏要素？把实际旅行中经常会出现的问题也添加到游戏中去，比如酒店预约出现问题，突然没地方可住。可以把这种突发性的事件当作游戏情节也设计进去。"

金计划先生接着提出了其他的建议："设计游戏情节肯定需要虚拟现实游戏编剧，我们和编剧再开一次会吧。游戏情节定下来后再创造合适的虚拟空间。"

金计划先生首先定下游戏制作的大概框架，朱空建女士则负责思考如何在框架之下创造虚拟现实空间。他们不是还提到要和游戏编剧一起进行讨论吗？原来虚拟现实游戏要和这么多不同领域的人们一起通力协作啊，之前都不知道呢。

帕尔默对陆小新说："会议好像结束了，我们去见见金计划先生吧？"

"嗯。"

陆小新观察到刚才会议室中的人们都没使用手机，而是用平板电脑工作。她心想，如果见到金计划先生的话，应该有机会能找到智能手机。

陆小新和帕尔默一起来到了金计划先生的办公室，里面却空无一人。

"啊，他不在啊。"陆小新虽然意外，但仍故作沉着地环顾了整个办公室。办公室的墙上贴满了虚拟现实游戏和国际学术会议的海报，桌子上是电脑、打印机、头戴显示器和巨大的显示屏，还有几本厚厚的书随意散落着。在这么多的物品当中竟然没有一部智能手机！能够停留在这个场景的时间不多了，陆小新渐渐焦急起来。

苦恼的陆小新准备转移到第二个场景。她提议："帕尔默，我们去下一个场景吧。"

这次陆小新选择了朱空建女士的办公室。幸好，朱空建在办公室，可她正在专心工作，陆小新他们在一旁很难插上话。

朱空建女士先在平板电脑上画完了设计草稿，然后启动增强现实应用程序，思考应如何将设计图纸用 3D 立体图像表现出来。修改了几次设计稿后，朱女士终于在电脑前坐定，启动矢量图作图程

序，开始进行虚拟空间的构建。

陆小新觉得朱空建女士工作的样子特别好玩。

"真了不起啊，她做的那个东西应该就是游戏中的物品了，或者可能是构建虚拟现实空间所需的内容。"

陆小新听了帕尔默的话轻轻点头表示赞同："我觉得这个工作也挺有意思的。"

朱空建女士工作时全神贯注的样子真是太有魅力了！只可惜她的办公室里也没有智能手机。那手机到底在哪里呢？

"走吧，我们得再去看看别的地方了。"帕尔默催促道。

时间确实快耗尽了，陆小新只好点点头，和帕尔默一起进入了最后一个场景——3D模型制造师朴模型先生的办公室。

朴模型先生正在会客，对方好像正在拜托朴先生什么事情。朴先生听后，在平板电脑上画下图片。

"暂且先画一个这样的人体模型吧。您是想将它做成3D立体图，然后在里面填充骨头和肌肉的立体结构吗？"

"对，主要是医学院在增强现实的解剖学习中要用的。"

"嗯，可是我不是医学专业的，也没有关系吗？"

"我们会和专业人士进行合作，对方是增强现实解剖课的教授。"

"好。那么我先用3D电脑矢量图形制作立体图像，如果有不

对的地方，再请教授帮我们修改更正。"

"好的。"

客人没有多做停留就起身离开了。朴模型先生也立刻着手绘制人体的 3D 草图。

陆小新看见朴模型先生忙碌工作的样子不禁感叹："哇，正是因为有朴模型先生这样的 3D 模型制作师，虚拟世界中的物体才能看起来这么立体。我以前都不知道，原来有这么多人在为了创造虚拟现实内容而努力。"

朴模型先生完全没有注意到在一旁偷看的帕尔默和陆小新，依然非常认真地埋头工作。但他办公室中也没有智能手机的影子，不知不觉间这个场景的时间也快耗尽了。

这时，又有新消息弹了出来。

　　　　　已解锁全部游戏场景，但仍未发现线索，
　　　　　　　请查找游戏中的隐藏线索。

陆小新陷入了短暂的思考。她左思右想，刚才见过了虚拟现实规划师、虚拟现实空间设计师、3D 模型制作师，就只剩虚拟现实设备制造者没见过了。

陆小新突然看向帕尔默。

看见陆小新愣愣地看向自己，帕尔默疑惑地歪了歪头："怎么了？"

"帕尔默，我们再回露营车去看看可以吗？"

陆小新的话音刚落，提示音响起，增强现实眼镜中显示出"选择场景"。陆小新选择了"帕尔默的露营车"。

场景切换：进入帕尔默的露营车。

"给你，这个就是带我们进入虚拟现实世界的 Rift 眼镜。"

帕尔默一进露营车就开始跟陆小新介绍他的处女作"Rift"。虽然设备上胡乱缠满了胶带，但好在设备轻，手感又好。

"我可以试试吗？"

"当然可以。"

陆小新小心翼翼地试戴了设备。令人惊讶的是，这台头戴显示器的效果和陆小新现在戴的基本没有太大的区别。在小小的露营车中，帕尔默竟然有能力独自做出这么厉害的 VR 头戴设备！

陆小新边摘下帕尔默的 Rift，边问："你是怎么做出这么厉害的设备的？"

陆小新的问题让帕尔默挠了挠下巴，陷入沉思。

"怎么做的？嗯……先在网上听计算机的课程，然后去附近专门的学校学习电力电子。我本来就喜欢游戏，在制造游戏机的过程中突然萌生了做一个虚拟现实设备的想法。接着就买了些虚拟现实设备，把它们拆解了解构造之后再组装起来。我还参加虚拟现实兴趣小组，分享了我自己的作品，也从别人的想法中受益匪浅。"

"哇，好厉害！"

"哈哈，但这个还只是我的第一个作品，我的目标是制造出像智能手机一样方便实惠的 VR 设备。只有 VR 设备像智能手机一样使用便利、价格合理时，人们才会对虚拟现实更加重视。当然也需要更多的虚拟现实的文化内容、应用程序，还有可以运行的元宇宙平台才行。"帕尔默看着陆小新一本正经地说。啊！陆小新突然反应过来，智能手机？难道说……

"啊！所以就如字面上所说的，'智能手机'这个词就是线索啊！"

天啊！陆小新这才反应过来，原来答案从一开始就给出了，她懊恼极了。帕尔默看着这样的陆小新扑哧一下笑出声来。

陆小新看向帕尔默，皱了皱眉："难道你从一开始就知道了？不是去找智能手机，而是'智能手机'这个词本身就是答案？"

"嗯，其实只要你能领悟'智能手机'的含义，然后直接跟我说'线索就是智能手机'就可以通关了。"帕尔默笑了笑，继续说，"就像我之前所说，只有VR设备能像智能手机一样轻便时，虚拟现实才能真正改变我们的生活。从这个层面来说，'智能手机'这个词日后将是开启未来元宇宙时代的一把钥匙。"

听了帕尔默的话，陆小新的眼里也开始闪烁起憧憬的光芒。一个人人都带着智能手机一样轻便的虚拟现实设备的世界？陆小新也想为了这样的世界而努力。

陆小新将从未宣之于口的梦想告诉了帕尔默："我以后也想制造出能方便每个人使用的虚拟现实设备！"

帕尔默看着陆小新微微一笑："我相信会有这么一天的。"

帕尔默的话音刚落，游戏就结束了。陆小新满脸通红地摘掉了虚拟现实设备。刚才发生的事情实在太真实了！游戏里的帕尔默和现实世界中的真的很像，这种感觉难以言喻。

陆小新从桌子上拿起手机。

"帕尔默说,有一天人人都可以像现在使用智能手机一样方便地使用虚拟现实设备。这一天真的会到来吗?"她的心激动得怦怦直跳。

大大地伸了个懒腰后,她暗下决心:为了这一天快点儿来到,我也要好好努力才行!

PLAY

创造虚拟现实和元宇宙的人们，
虚拟现实的过去、现在和未来

创造虚拟现实和元宇宙的人们

目前虚拟现实技术与其他技术的结合在我们的生活中已经得到了广泛的应用。我们先从孩子们最感兴趣的电子游戏说起，电子游戏是小朋友最喜欢的游戏类型之一。你可知道电子游戏使用了哪些人类最先进的电子技术？这些精美的立体动画，用到了三维建模、三维渲染等技术，这些技术背后，还有先进的三维处理芯片。未来的应用会比现在更加广泛，也会有更多不同职业的人们参与其中。我们一起来了解一下虚拟现实的专家们都在做些什么吧？

▶ 虚拟现实设备研究开发者

虚拟现实设备研究开发者，这个词听起来不好理解吧？这主要指的是研究开发虚拟现实装置（如头戴显示器和智能眼镜等能够进行虚拟现实体验的装置）的专家们，也就是前面故事中陆小新向往成为的人。从事这项工作需要学习计算机和电力电子等内容。

▶ 虚拟现实空间设计师

虚拟现实空间设计师是设计虚拟现实和元宇宙中多种空间和环境的人，最近也被称作"元宇宙建筑师"。他们的主要任务就是创造虚拟天空、虚拟森林、虚拟商店等虚拟空间和相应的事物。比如，要在虚拟世界的元宇宙中建造游乐园，不单单需要建造游乐园中的娱乐设备，还要创造蔚蓝的天空、漂亮的花坛、卖纪念品的小商店……从事这项工作的人不仅需要了解电脑程序和工学技术，具有数字设计的感知力，还需要具备协作力，才能和虚拟现实设备研究开发者、虚拟现实规划师、生产全息影像的全息内容制作师、原图设计师、电脑程序员等人通力合作。

虚拟现实规划师

虚拟现实规划师指的是规划构建游戏、旅游、教育、购物等多种虚拟现实内容和系统的人。虚拟现实规划师需要有丰富的想象力和创造力，平时工作需要和虚拟现实空间设计师配合，一同构建虚拟现实世界，要和虚拟现实摄影组一同制作虚拟现实影像，还要对开发出来的虚拟现实内容进行体验，发现并修改其中的问题和错误。他们不仅需要熟练地掌握电脑知识，灵活使用3D技术，还要通晓计算机编程语言，掌握360度全景技术，更重要的是还需要有强大的组织能力等。

3D模型制作师

制作师指使用3D电脑全息技术，将二维平面的物体、人物形象、背景等进行三维立体化构建的专家。要想成为3D模型制作师，一定要对制造3D模型的程序非常熟悉，还需要有可以对空间布置进行美化的造型感知力。这类专家经常活跃在游戏、医学、自然科学等专业领域，与虚拟现实空间设计师合作紧密。

▶ 虚拟现实和元宇宙游戏开发师

虚拟现实和元宇宙游戏开发师指的是开发电脑端和手机端虚拟现实游戏的人。

从通过编程以呈现游戏整体和游戏角色的编程师、制作游戏故事的编剧、负责游戏图像和矢量图形的平面设计师、制作游戏音乐的音乐制作人，再到掌握游戏整体进度的项目总监、帮助游戏宣传和销售的制片人……游戏越复杂，规模越大，参与游戏制作分工的人也就越多。

虚拟现实游戏开发师需要具备计算机编程知识、建筑和空间设计知识、数据和数学知识，同样也需要与他人进行合作，并钻研人们喜欢什么，只有这样才能创作出优质、有吸引力的游戏。

▶ 虚拟形象设计师

现在，虚拟世界最重要的是什么呢？那就要数代替"真我"，在虚拟世界中与他人见面的"虚拟我"了。尤其在元宇宙平台上，现实生活中的企业也一样会出现在虚拟世界，成为现实世界的镜像。如此一来，一个漂亮的虚拟形象往往还不够，有时更需要象征企业文化的虚拟形象。所以如果想成为虚拟形象设计师，不仅要有美术功底，还要有人文素养。

▶ 高新技术伦理学家

随着科学技术的飞速发展，我们也面临着与以往不同的伦理问题。未来相应也会有专门研究科学技术伦理问题的学者、律师、法官等。

1998年，联合国教科文组织设立了世界科学知识与技术伦理委员会（COMEST）。该组织着力于发现并解决诸如信息保护、人类克隆和基因改造等科学技术带来的社会问题。

高新技术伦理学家要具备敏锐的洞察力，能够发现科学技术将如何影响社会。他们还应当具备哲学、科学、法律等各种专业知识。

未来的高新技术伦理学家能够在政府、企业的研究院或 COMEST 等组织进行工作。

让我们来回顾一下虚拟现实技术的历史吧！

我们现在普遍认为，"虚拟现实"的概念最早是由美国计算机科学家杰伦·拉尼尔（Jaron Lanier）提出并广泛使用的。他于 1985 年创立了一家名为 VPL Research 的公司，该公司开发了一套可戴在头上的虚拟现实控制设备，并为其配备了一副手套。

但其实，虚拟现实技术早在 19 世纪就已经开始出现了。1833 年，物理学家查尔斯·惠斯通（Charles Wheatstone）绘制出世界上第一幅三维立体图，随后于 1838 年发明了一种可以看到立体图像的立体镜（Stereoscope）。那便是如今三维显示技术的开端。

1968 年，美国犹他大学的伊凡·爱德华·苏泽兰特（Ivan Edward Sutherland）和他的学生鲍勃·斯普劳尔（Bob Sproull）发明了

奥利弗·温德尔·霍姆斯发明的另一种立体镜

1968年伊凡·爱德华·苏泽兰特发明的HMD出自JPR研究所(John Peddie Research)

理查德·韦斯托尔绘制的《达摩克利斯之剑》

"实验性三维显示HMD",这标志着虚拟现实时代正式开始。

这个设备因为配有多个镜头,所以十分沉重,只能将其固定悬挂在天花板上,因此被形象地称为"达摩克利斯之剑(Sword of Damocles)"。到20世纪90年代初期,各种各样更先进的设备也随之出现。

1969年,当美国航空航天局(NASA)筹备发射阿波罗登月任务时,虚拟现实技术正式得到应用。人们通过虚拟现实技术创建一个计算机模拟系统来训练相关人员。

2015年的Gear VR、2016年的Oculus Rift、HTC VIVE 和 PlayStation VR[①]等设备不断涌现,它们由于体积小巧且价格实惠,受到了大众的广泛关注。

[①] Gear VR、Oculus Rift、HTC VIVE和PlayStation VR是三星、索尼等科技公司研发的VR设备的名称。

虚拟现实技术能发展到什么程度呢？

20世纪90年代初，很多人都认为虚拟现实技术是一种华而不实的技术。当时人们只对广泛使用的互联网感兴趣。然而，自2010年以来，服务于普通大众的HMD出现，并迅速成为人们关注的焦点。虚拟现实已用于医疗、汽车设计、军事训练和游戏。

虚拟现实设备目前还不像智能手机一样广泛普及，在这之前，还有许多问题需要面对和解决，比如虚拟现实设备价格昂贵，可供所有年龄层消费的虚拟现实内容太少，使用时间过长会出现数码产品眩晕症等健康问题，此外还必须解决隐私和安全问题。

当人们在虚拟世界中享受更生动逼真的体验时，他们很可能会将现实与虚拟现实相混淆。比如，通过虚拟现实创造的战争游戏，如果战争场景不再出现在显示器上，而是在现实世界中进行体验的话，将会发生什么呢？

过度沉迷于暴力游戏，很可能会带来暴力倾向，更极端的话还可能构成犯罪。

除此之外，还有企业随意操纵消费者潜意识的风险。这就是为什么虚拟现实应该发展成为一种能给人们带来快乐而非单纯促进产业发展的技术。

如果虚拟现实被视为"无用"的技术的话会消失吗？曾经我们认为人工智能和物联网只有在电影中才能实现，但是如今，我们对这些技术已经习以为常。没有人知道技术的未来会是什么样子，我们必须打开眼界，摆脱偏见，看到技术更多的可能性。

元宇宙世界！虚拟现实的未来是什么样的呢？

未来，虚拟现实将以更逼真的图像应用于工业和日常生活中。医疗、制造、国防、体育、文化、教育、建筑等各个领域可能都少不了这项技术的参与。

最终，元宇宙世界将正式到来。元宇宙是一个人们可以通过虚拟形象参与所有社会、经济和文化活动的三维虚拟世界，也被称为"数码地球"。

元宇宙的应用有无限可能。

韩国国立中央图书馆正在通过"增强现实图书馆"和"增强现实音乐剧"将其图书空间扩展到虚拟世界。

在中国，2020年的毕业季，毕业生们本该在学校参加毕业典礼，接受老师们美好的祝愿，准备开启自己人生的新阶段，可新冠肺炎疫情肆虐全球，很多同学没有办法回到学校举行线下的毕业典礼。中国传媒大学的同学们来到了游戏"我的世界（Minecraft）"中的虚拟校园。在虚拟校园中，同学们还能一起扔学士帽呢！

虽然现在的虚拟现实中的元宇宙还不像科幻小说中描绘的那样完美，但如果开发出像智能手机那样大众都能够灵活使用的虚拟现实设备的话，元宇宙将变得更加精彩。然而，如何运用这个崭新的空间，就取决于书前的你们啦！

哎呀,马罗特和陆小新的好朋友一定是出了什么事!接下来的一站,让我们一起想想该怎样使用虚拟现实技术来帮助他们的好朋友吧!
出发!

第三站

守护朋友诺宝的梦想

用虚拟现实技术奇迹般地解决难题

特殊使命！
帮助诺宝！

"你看起来很不开心，怎么啦？"陆小新边走边问无精打采的马罗特。

马罗特伤心地叹着气说："我在担心诺宝呢。"

"诺宝？"

"嗯，诺宝从上个月开始就总在跟我说她眼睛疼，然后就中断了去乐团的练习，一直在休息。她的视力变得特别差，就算戴了眼镜也看不清乐谱。所以她对我说要放弃管弦乐团的活动，前天她在乐团里做了最后的告别就走了。"

"啊……"陆小新一时也想不出要说什么才能安慰马罗特。

诺宝在附近的另一所学校上学。她擅长拉小提琴，每周六都和马罗特一起在乐团里练习，两个人也因此成了最要好的朋友。

陆小新也开始因为担心诺宝的事而闷闷不乐。

放学了，陆小新正在收拾书包，马罗特走过去问道："陆小新，你等会儿有时间吗？"

"嗯，有啊，怎么了？"

"要不要一起去我家？"

陆小新开心地点点头。她平时经常去马罗特家玩游戏，看来今天又可以去玩了。

一到家，马罗特就迫不及待地打开了电脑。他问："你还记得我们上次玩的那个公测游戏吗？"

"嗯，记得。"

"我想起上次在那家游戏公司网站上看到过的东西了。"

"什么东西？"陆小新问。

马罗特紧张地在浏览器的收藏夹菜单中找到那家游戏公司的网址，他手一顿，好像发现了什么。陆小新也赶紧看向电脑屏幕。

"服务于视障人士的VR设备？"看到这句话，陆小新不解地看向马罗特。

马罗特解释说："将应用程序与这台设备连接，然后视力不好的人通过使用与这台设备连接的应用程序，就能看得很清楚了。"

"所以说这台设备能根据用户的需求，让他们看到手机相机拍摄到的影像吗？原来虚拟现实技术不仅仅是用来玩游戏的啊。"

"好像是这样的，我刚才也在疑惑，它是不是那种真的能帮视障人士'看见'的设备。"马罗特突然对这台设备的原理产生了好奇，"但是虚拟现实技术是如何让看不到的东西被看到的呢？"

陆小新读起了网站上的说明："……原理是通过增强事物的轮廓，调节颜色的亮度和对比度，或者在画面上设置一个带颜色的滤镜，这样一来，视野模糊或高度近视的人就能够看清楚文字和事物了。"

"噢，这正是诺宝需要的呢！快看看用户评价。"

"可是，马罗特，我怎么感觉这里有点儿奇怪呢？"

"怎么了？"

"相关信息好像在两年前就停止更新了，而且也没有用户评价。"

"啊？还真的是。"

正如陆小新所说，网站上只有两年前上传的设备使用说明书。

说不定有和这个应用程序相关的新闻报道呢？马罗特和陆小新开始搜索了起来。然而最新的相关报道也已经是两年前发布

的了。

"这个产品现在好像已经停产了吧,诺宝要是能用上的话就好了。"

听了马罗特的话,陆小新陷入了沉思。她说:"我们试着联系一下这个应用程序的研发者呢?"

听到这句话,马罗特瞪大了眼睛:"联系研发者?"

"对,询问一下他们现在是否还在继续研发这个产品,如果已经停止研发,就和他们真诚地建议,表达咱们现在希望这个产品能够继续研发下去的想法。不试试怎么知道有没有机会?赌一把吧。"

"好!"

陆小新给网站上研发者留下的邮箱地址发送了一封邮件,然而过了好几天也没收到对方的回信。

"邮件明明已经显示已读了,为什么就是不给咱们回信呢?"陆小新发现邮件被查看后问闷闷不乐的马罗特,"难道因为我们是小学生就对我们的邮件视而不见吗?"

"啊……不会吧?"

"要不让妈妈来帮一下我们吧?"陆小新垂头丧气地说。

"不行，我们得自己来做，这次换我来写。"马罗特斩钉截铁地说。因为是好朋友诺宝的事，所以他想自己来解决。

陆小新明白马罗特的心意，轻声附和道："嗯，知道了。如果这次还是没有任何音讯的话，那咱们就天天给他们发邮件，怎么样？"

"好，看看谁能坚持更久。"斗志昂扬的马罗特眨了眨眼睛。

发件人：马罗特

收件人：研发者

题目：关于视力障碍 VR 应用程序的提问

您好！我们是花郎小学五年级三班的马罗特和陆小新。我们有一位好朋友，她一直梦想成为一名优秀的小提琴手，但最近她的视力下降严重，甚至连乐谱都没办法看清了，不得已放弃了乐团训练。我们都感到非常惋惜。我们得知贵公司曾经为有视力障碍的人开发过 VR 设备和应用程序，但是在查询之后，我们发现目前已经没有地方在售卖这个应用程序和设备了。请问这种设备已经完全停产了吗？还是因为其他的原因导致研发计划受阻呢？如果这个应用程序和设备能够重新上市的话，肯定能帮助到更多需要它的人。真诚地希望贵公司能继续生产这个设备，非常感谢！

马罗特　陆小新　敬上

"噢，写得真不错！"陆小新赞叹道。

"嘿嘿，现在等着就行了！"马罗特认真地在邮件内容上标记了重点内容，然后发送了出去。

然而，一天过去了，两天，三天……他们一直也没有收到回信。即便这样，他们还是坚持每天都给对方发邮件。

就这样过了一个月。直到一天，他们在陆小新家打开电脑——陆小新的电子邮箱提示有新的邮件。

是来自研发者的邮件！

两人惊喜地瞪大眼睛互相看着对方。

"快看看写了什么。"

在马罗特的催促下，陆小新打开了邮件。

收件人：陆小新

抄送：马罗特

发件人：研发者　小金

题目：RE: 关于视力障碍 VR 应用程序的提问

陆小新和马罗特两位同学：

　　我已经收到了你们的来信，很抱歉这么久才给你们回复。说实话，你们想要的设备和应用程序现在已经停产了。但你们的持续来信，让我回想起研发这款产品时的初衷。和公司商讨很久后，我们最终决定重新研究并生产这款产品。

　　所以我现在才回信告诉你们这个好消息。如果有进一步的消息，我会立即联系你们。非常感谢你们的来信！

研发者　小金

"哇，竟然为了我们开始重新研发了！我不是在做梦吧！"

　　两人觉得难以置信，又激动地反复读了好几遍邮件。最重要的是，这次仅凭两个人的力量就解决了这个难题，这让他们更加开心了。

"我们先把这个好消息告诉诺宝吧？"马罗特激动地说。

"不，先不说。如果先告诉了她，最后却没成功的话怎么办？等产品生产出来后再说也不迟啊。"陆小新提出了自己的想法。

虽然马罗特总是忍不住想告诉诺宝这个好消息，但他最终还是听从了陆小新的意见，然后两人又开始了每天等待邮件的日子。

六个月后的一天，正好是个周五的清晨，外面的一切都生机盎然。陆小新气喘吁吁地跑进教室。

"马罗特，你也收到邮件了吧？"

"什么邮件？"

"研发者的邮件，我看对方也抄送给你了。"

"是吗？"

竟然是研发者的新邮件！在马罗特的催促下陆小新打开了手机邮箱。两人头靠头一起看邮件。

收件人：陆小新

抄送：马罗特

发件人：研发者　小金

题目：RE: RE: 关于视力障碍 VR 应用程序的提问

陆小新和马罗特两位同学：

最近过得还好吗？多亏了你们俩的支持和鼓励，我们已经研发并生产出了最新款视力障碍 VR 设备和应用程序。为了表示感谢，在正式上市之前，我想先给你们寄送一份样品。如果方便的话，请告诉我你们的收件地址。

祝你们度过愉快的一天！

研发者　小金

"这是真的吗？不会是在做梦吧？"

听了马罗特的话，陆小新轻轻掐了一下马罗特的脸蛋儿。

"哎哟！"

"怎么样？还觉得这是在做梦吗？"

"啊，当然不是！"

马罗特高兴得都感觉不到痛了，他哈哈大笑起来。看着马罗特那么开心，陆小新也笑了起来。

不久，一个快递箱子就被寄到了马罗特的家里。里面有最新研发的视力障碍者专用显示器和应用程序的登录账号。这款显示器和之前在网站上看到的照片有些不一样。这一款并不是头戴式的，而是像一副眼镜。

"哇，这个设备有点儿像墨镜啊。"

"是啊，这样诺宝戴起来会很方便。"

马罗特点点头，立刻联系诺宝，相约去她家玩。

"欢迎欢迎！爸爸妈妈，我的朋友们来了。"

诺宝刚和爸爸妈妈一起从医院回来。他们热情欢迎了陆小新和马罗特的到来。

"怎么突然想到要来我家了，有什么事吗？"诺宝问。

听到诺宝的话，马罗特立马拿出箱子，取出了里面的设备。

诺宝的爸爸妈妈正端来满满一盘子的零食，看到马罗特手里的设备吓了一跳："天哪，这是什么？"

"这个对诺宝的眼睛会有帮助，我们就把它拿来了。"马罗特小心翼翼地说。他担心这台设备万一对诺宝没有用可怎么办啊。

没想到诺宝的爸爸妈妈惊讶地说道:"天哪,马罗特,我们也知道这个产品,但是因为市面上不再出售,我们就放弃了这个想法。你们是怎么买到的啊?"

"我们一直给研发这种设备的公司发邮件,请求他们继续生产。没想到居然真的等来了新款产品。"

"我们真的很幸运啊!"

看到陆小新和马罗特灿烂的笑容,诺宝的妈妈用颤抖的声音连忙说着感谢。诺宝也在一旁感动地抽泣起来。陆小新和马罗特也不禁鼻子一酸。

秋风送爽的周末,陆小新捧着两束巨大的鲜花来到了小区的综合社区中心。一进门,她就听到了管弦乐器美妙的声音。

匆忙进入演出大厅的陆小新一眼就看到了诺宝。她正带着"墨镜"看着乐谱演奏呢。她身后的马罗特看到陆小新来了,兴高采烈地向她挥着手。

花郎青少年管弦乐团秋季专场演奏会的最后一支曲子是维托里

噔噔！
哇！
嗡！

奥·蒙蒂（Vittorio Monti）的《查尔达什舞曲》（Csárdás）①。舞曲轻快的旋律从戴着VR眼镜的诺宝手里流淌出来。陆小新看着正在进行精彩演奏的诺宝和马罗特，露出了灿烂的微笑。

---

① "查尔达什"意为客栈，"查尔达什"是一种出现于19世纪的匈牙利的民间舞蹈。听到这首舞曲，我们的面前就好像展现出了一幅匈牙利人民生活的民俗画面。

PLAY

虚拟现实技术，打破界限，创造更光明的世界！

"我们在沙漠里走了很多天，终于来到了约旦。在我们离开的那一周，我放飞的风筝正挂在院子里的树上。我很好奇它现在是否还挂在那儿，我想要回去。我的名字叫锡德拉，今年12岁，在上五年级，来自叙利亚德拉省印克希尔市。现在我在约旦扎塔里难民营里生活已经一年半了。"

这是2015年翠贝卡电影节[1]上映的VR电影《锡德拉湾上的云》[2]的片头语。

---

[1] 翠贝卡电影节（Tribeca Film Festival）由美国电影制片人简·罗森泰以及著名演员罗伯特·德·尼罗在"9·11"事件后发起并创办。该电影节旨在通过影展的活动来推动全球电影界与普通观众对电影艺术的生命力的认识。

[2] VR电影《锡德拉湾上的云》（Clouds Over Sidra）讲述了一名叙利亚难民儿童在约旦扎塔里难民营生活的故事。

我们和锡德拉在一起，和锡德拉一起去学校，一起踢足球，一起用大烤箱烤馕，一起尽情地说笑。看到她流下泪水时，我们也会与她一同哭泣。我们伸出双手想要安慰她，仿佛我们伸出双手就能碰到她一样。然而，我们却并不能给她一个真正的拥抱。因为锡德拉在距离我们非常遥远的约旦。

锡德拉和我们相隔如此遥远，为什么我们却觉得她仿佛近在咫尺呢？这都归功于虚拟现实技术。观看了这部讲述锡德拉和叙利亚难民故事的纪录片之后，我们不再仅仅是观众。我们和锡德拉一同呼吸，对发生在锡德拉身上的事感同身受。连新闻报道和书本都无法带给我们的这种感受，短短 8 分钟的视频就能够实现这种效果，这是因为影片《锡德拉湾上的云》采用了 360 度沉浸式的摄影手法。观看这个纪录片的人通过虚拟现实设备，就能身临其境，仿佛自己和锡德拉一同生活在叙利亚的扎塔里难民营里一样。

叙利亚难民问题看起来离我们十分遥远，我们却能对此产生很多共鸣，能更认真地去思考这个问题，这正是通过被称为理性的科学技术所实现的，这多么令人惊讶！这不禁让人进一步思考：这种惊人的技术还将用于什么领域？又能运用到什么程度呢？

"神奇校车"出现在现实之中？！

你读过《神奇校车》吗？这套漫画书讲述的是总是穿着奇装异服的弗瑞丝老师和她班上的孩子们一起冒险的故事。孩子们只要和弗瑞丝老师坐上校车，就能去各种神奇的地方。在这套书的故事里，你甚至能亲自盖起三只小猪①盖过的房子呢。

不仅如此，想要学习有关风的知识时，学生们就都会变成风，然后自然而然地了解了什么是风。《神奇校车》书中的课堂，在现实中也能实现吗？

当然可以！虽然没有神奇校车和弗瑞丝老师，但是我们有虚拟现实技术，我们随时随地都可以像乘坐神奇校车的孩子们一样开心快乐地学习。如果想了解动物，不用去真正地解剖动物，通过增强现实技术就能了解动物的内部构造，甚至还可以直接变

① 这出自英国著名童话《三只小猪》，作者是约瑟夫·雅各布斯，讲述了小猪三兄弟为抵抗大野狼建造房子的故事。

成动物，也就是说，通过亲身体验来进行学习。近几年，随着线上课程逐渐增多，使用虚拟现实技术进行课程教育也变得更有必要了。

在医学院，可通过使用增强现实技术来进行高难度手术，或者进行解剖实习。在工学院，也可以使用虚拟现实或增强现实技术来减轻高危实验带给人体的伤害。

除此之外，这项技术还可以让驾驶员体验交通事故发生时的场景，进行事故预防的安全教育。在虚拟世界中经历地震，也可以学习到地震实际发生时逃生避难的行动要领。

消防员、军人和警察可以在虚拟世界中安全地接受火灾现场等危险训练。当烟雾和大火阻碍消防员寻找逃生路线时，戴上增强现实眼镜之后，就能看到远方其他消防员所规划的逃生路线图像，从而安全脱险。

另外，比起去动物园或水族馆，通过虚拟现实也能够获得更加丰富的

消防训练真实体感模拟器由韩国电子通信研究院（ETRI）[1]研发，图中所示为消防员在与真实火灾现场一样的虚拟世界中，使用真实的消防工具进行消防训练的样子。

韩国电子通信研究院（ETRI），梁雄渊（图）

---

[1] 韩国电子通信研究院（ETRI）最初成立于1976年12月31日，位于韩国大田广域市，主要致力于数码技术、信息通信的研发。

体验。这样，我们就再也不必强行把动物关起来了。使用增强现实技术，我们还可以创造出属于自己的植物，也就不会再发生冒冒失失弄死植物这样的事了吧？

与虚拟现实携手并进的未来医学！

目前，虚拟现实技术应用最为广泛的当属医疗领域，尤其是应用在帮助视力障碍者和运动障碍者的辅助设备和康复治疗中。

美国南加州大学心理学家艾伯特·斯基普·里佐（Albert Skip Rizzo）博士通过使用虚拟现实技术来控制人的感觉，从而进行辅助康复的研究，给因患脑出血而导致手臂麻痹的患者戴上HMD设备，就能使其拥有手臂能够活动的幻觉。此时，患者的大脑就会把在虚拟世界中能够活动的手臂当作身体的一部分，并向

HMD：正在使用着胳膊

手臂麻痹的脑出血患者

大脑一直传递着持续使用手臂的信号，从而修复已经麻痹了的神经，这就好像为了治疗而对大脑说了一个善意的谎言一样。

除此之外，如果使用虚拟现实技术，也就不用再拖着病恹恹的身体费力去医院看病了。因为通过这个技术就已经能够进行远程治疗了，哪怕在海外生活也能如此。

虚拟现实技术也可以用于治疗因战争或事故留下后遗症的人。美国埃默里大学医学院创伤与焦虑康复系主任芭芭拉·马罗特鲍姆（Barbara Rothbaum）博士就曾帮助受心理创伤的人们在虚拟现实场景中安全地重新直面当时的场景，帮助他们克服恐惧。

在进行病毒疫苗研制的医学实验和化学实验中，时常会发生伤人事故。因此科研人员现在研制出利用混合现实设备——名为"HoloLens"的头戴显示器，可以进行实验的"增强现实项目"。通过HoloLens就可以使用虚拟的实验仪器（吸管）吸取危险的溶液到虚拟世界中进行实验。使用虚拟实验仪器可以减少实际的危险，但同时又确实能够转移各种溶液，获取最终正确的实验结果。

微量吸管的样子

欢迎光临，这里是虚拟现实商店！

2016年，线上购物平台易贝（eBay）与澳大利亚科尔斯迈尔百货公司合作成立了世界上首家虚拟现实百货店。同时，诸如ZARA、巴宝莉、香奈儿这样的时尚企业还准备了可以看到试穿衣服效果的智能镜子，以及可以试穿自己喜欢衣服的增强现实试穿区等。即使不去实体的商场，进入到虚拟商场也可以获得真实的购物体验。

在虚拟世界中，试着变成别人！

梅尔·斯拉特教授，在巴塞罗那大学和英国伦敦大学长期担任VR研究院教授，正在自己的研究所进行着一项有趣的实验——在虚拟世界中成为别人。戴着HMD的白人女性在虚拟世界中成为黑人女性，即便是那一小会儿，也要成为自己无法成为的人，并试着去理解那个人。

这项实验为我们展现了虚拟现实技术的多种可能性。如果在虚拟世界中体验过成为老弱病残者的话，我们就会更加理解对方了。无论再怎么说"站在对方的立场想一想"这样的话，也很难

真正地站在对方的立场去思考问题。

参与这项实验的人都说，在虚拟世界中成为别人后，就能够更好地理解"对方"了。

**以更便利的方式，
让更多的人享受更有趣的文化内容产品！**

在 2017 年美国奥斯卡颁奖典礼上，有一项独特的作品获得了提名，那就是由谷歌沉浸式媒体部门[①]制作的短片《珍珠》[②]，获得最佳动画短片提名。这是一部采用 360 度全景拍摄技术制作的

[①] 谷歌沉浸式媒体部门（Google Spotlight Stories）为沉浸式媒体平台，以VR形式提供故事体验。

[②] 2016年VR短篇电影《珍珠》（Pearl），又译《车载歌行》，是首部获得奥斯卡提名的VR动画短片。

虚拟现实动画片。

如果用智能手机登录视频网站观看这部动画片，根据我们不同的移动方式，动画片里面的场景也会随之改变，能够看到平时无法看全的所有景象。只要移动智能手机，随时随地都能够听到隐藏其中的故事，看到其中的画面，这给人带来一种真实地置身于动画片中的感觉。

同年，德国汉堡易北爱乐厅[1]举行了竣工纪念演奏会。这场演奏会是以虚拟现实演出的形式进行录制的，因此原本最多只能供2100名在场观众欣赏的演奏会，惠及了81万名观众。原本只有支付得起高额入场费的少数人才能享受的演奏会，如今普通民众通过自家的电脑也可以欣赏到了。

无独有偶，英国国家剧院利用增强现实技术，使听障人士也能够欣赏到演出。他们佩戴AR智能眼镜的话，镜片上就会显示对台词和声音的文字说明。

随着艺术领域的拓宽，还出现了利用虚拟现实制作艺术品的VR艺术家。观众们戴上HMD，自由自在地移动着运动控制器，就能以多种角度欣赏艺术品。

---

[1] 易北爱乐厅，被喻为"德国北部音乐之都的新心脏"，将卓越艺术和开放包容融为一体。

我们不仅能够将作品放在虚拟世界中，也可以利用增强现实技术将作品投入现实或用 3D 打印机进行打印。我们经常使用的打印机是在纸上进行印刷的，而 3D 打印机可以将视频中的人或事物以等比例进行三维打印。纸、橡胶、铁和混凝土也都可以作为打印材料。把食材放在电脑的储存场所中，照着菜谱就能做出各种各样的美食，就像现在的自动贩卖机一样。

虚拟现实技术，能运用到什么程度呢？

荷兰历史学家、语言学家约翰·赫伊津哈认为，人类天生喜欢游戏，游戏是开启人类文化和文明的钥匙。他还创造出了"游戏人"（Homo Ludens）这个词语。

这样的话，快乐又有趣的虚拟现实难道不正是我们人类最喜欢的技术吗？谁也无法知晓虚拟现实技术能用到什么程度，因为这样有趣的技术能让作为"游戏人"的你们持续拥有无穷无尽的想象力。

如果使用虚拟现实技术，在线上就可以获得真实生动的体验，即使在现实中不见面也能实现仿佛就在身边的即视感。这便是与其他人不直接见面，只通过网络就可以实现很多操作的"无接触"技术。在这一站，我们来和陆小新一起了解一下这项新技术吧！！

第四站

我和爸爸去虚拟现实烹饪教室

无接触和元宇宙，
实现自由的虚拟现实技术

**铛铛!
虚拟现实烹饪教室开课了!**

"爸爸,爸爸,上次我让你帮我打印的作业在哪儿呢?我得把它拍下来,上传到线上课堂。"

"啊,应该在书房,去找一下吧。"

陆小新噘着嘴走进书房,里面堆满了各种书籍和纸团,杂乱不堪。妈妈如果在家的话,肯定一下子就能找到。

陆小新轻声叹了一口气。妈妈上周因为工作原因出差去了国外,已经一周都不在家了。

"哎，妈妈，赶紧回来啊。"陆小新一边自言自语，一边在纸堆里找作业。

"陆小新，妈妈来电话了。"听到爸爸的呼唤，陆小新赶忙跑了出去。

视频中的妈妈看着这一幕，说："小心别摔倒了。"

"你和陆小新都还好吗？"妈妈问爸爸。

"嗯，那是当然！"爸爸回答。

这可算不上实话，实际上陆小新和爸爸过得一点儿都不好。因为妈妈从来没有离家这么长时间，现在家里每天都是一团糟。

简单的清洁工作之前就是陆小新和爸爸负责，他们还能勉强应付，但其他家务活就没那么顺利了。好几双袜子只剩下单独的一只，前天妈妈最心爱的两棵多肉植物也失去了生机。如果妈妈知道的话，该有多伤心啊。

"我们才应该担心你呢，在国外出差注意身体，小心别生病。"

"不用惦记我，我挺好的。哎，你们今天中午吃了什么啊？"

听到妈妈的提问，爸爸和陆小新心虚地对视了一下。

"嗯，吃了好吃的。"

"又点外卖了吧。"妈妈微微一笑。

"过得都还好吧？"

爸爸和陆小新中午确实在网上点的外卖。他们在网络商店提前订餐，送餐公司就会将速食餐直接配送到家门口。他们只需要简单煮一下，或者用微波炉加热就能吃了。

一开始，陆小新还觉得在家里吃外卖很有意思，可是一连吃了好几天就慢慢吃腻了。但是她和爸爸都不会做饭，所以也没有其他的办法。

"嗯，虽然和妈妈做的饭没法比，不过吃得也挺好的。"陆小新不想让妈妈为他俩操心，便违心地说道。

"陆小新，让妈妈好好看看你。"

陆小新看着视频中妈妈的脸，对妈妈的思念再也抑制不住。她强忍泪水，努力挤出一个灿烂的微笑。

妈妈！

"我的宝贝女儿，虽然和爸爸两人在家不容易，但是再稍微坚持一下，妈妈马上就会回来了，知道了吗？"

听到妈妈亲切的话语，陆小新笑着点了点头，替爸爸和妈妈打了声招呼就挂掉了电话。

"陆小新，爸爸现在得上视频课了，大概2个小时后结束，到时候咱们吃着爆米花一块儿看电影吧？"

"好！"

爸爸摸了摸陆小新的头，走进了书房。陆小新也回房间打开电脑准备上网课。只剩一节课了，老师到现在还没有上传课程，也没有布置新作业。

"好像没什么事可做了。"

坐在转椅上转圈的陆小新突然站了起来："啊，对了！作业！"

书房里，爸爸正在上视频课。陆小新蹑手蹑脚地走进去，爸爸完全没察觉，还在对着显示器讲课。爸爸的显示器中，正在听课的学生们的脸都只占了屏幕小小的一部分。

陆小新弯下身子，迅速捡起掉在地上的作业，然后又踮起脚尖小心翼翼地离开了书房，以免被录到视频里。

"我也去上课吧。"

回到房间，今天的最后一节课已经上传了。陆小新立刻拍下作业，将照片上传，点开了上课视频。

下课后，陆小新回到客厅。没过多久，爸爸也从书房里出来了。

"陆小新，你想看什么电影呢？"

"不看电影，看别的行吗？"

"别的？"爸爸拿出爆米花问道。

"其实今天我喜欢的偶像在元宇宙平台上有演出，我还特意隆重打扮了一下我的虚拟形象呢。"陆小新满怀期待地说着。

爸爸笑着点了点头。

这时，门铃突然响了。

"是谁呢？"

爸爸开门一看，门口放着一个快递箱子。

"是什么啊？"

"我也不清楚。"

满脸惊讶的爸爸打开了箱子，里面有一个名字听起来有点儿奇怪的游戏软件，名叫"新手料理王"，还配有胡萝卜、洋葱、肉等食材。

正在父女俩呆呆地看着箱子里面的东西时，妈妈来电话了。

视频中，妈妈笑着问："收到快递了吧？"

"是妈妈寄过来的？"

"嗯，今晚试着好好做一顿像样的饭吧。"

"让我们自己做饭？"

爸爸和陆小新都不敢相信自己的耳朵。

"妈妈，我和爸爸能做好饭吗？"

"当然可以，通过那个游戏学习就可以了。有虚拟现实设备，就不用亲自去烹饪学校了。你们可以在虚拟里先练习一下，肯定能够学会的。"

"必须这样做吗？"陆小新满脸不情愿。

妈妈坚决地说："当然了，你们俩不都吃腻了速食外卖吗？"

最后，爸爸和陆小新硬着头皮答应了下来。这可是妈妈特意从国外精心挑选的快递，自然无法拒绝。

挂了电话后，爸爸和陆小新面面相觑。

"我们能做好吗？"

自然，两人脸上都是一脸的不自信。

看完表演后,陆小新和爸爸满脸紧张地用虚拟现实设备开启了烹饪游戏。他们互相确认对方的虚拟形象之后,点击"开始"就弹出了选项。

入门级别

基础中的基础,刚开始学做饭的你,选择下列哪个菜单呢?

● 泡菜汤　● 大酱汤　● 蛋炒饭　● 土豆饼　● 咖喱饭

"陆小新,你想吃什么?"

陆小新想起刚才箱子里面的食材有土豆、胡萝卜、洋葱和肉,说:"根据食材来看,我们做泡菜汤和咖喱饭比较好。"

"那我们就来看看这两道菜的菜谱吧。"

爸爸点击了"泡菜汤"和"咖喱饭",介绍各种食材和烹饪方法的窗口便弹了出来。

但是泡菜汤的菜谱感觉很复杂,相比之下,做咖喱饭就只需要将食材切块,放油炒一下,最后放水和咖喱粉就行了。

"爸爸,那我们就做咖喱饭吧,这个看起来容易多了。"

"好的。"

两人选择了咖喱饭。提示开始进行烹饪的音效响起之后,一个逼真的厨房映入眼帘。游戏中的厨房配备了水槽、操作台面和燃气灶。爸爸从食材中拿来了土豆,陆小新则拿来了胡萝卜。

这时,一个大叔的声音说道:"和我一起做美味的咖喱饭吧!做咖喱饭非常简单。首先将土豆、胡萝卜、洋葱去皮。"

突然听到大叔搞笑的嗓音,爸爸和陆小新哈哈大笑了起来。两人按照说明洗净了蔬菜削了皮。食材一准备好,一把菜刀和一块砧板就伴随着"噔噔"的声音出现在他们面前。

"尽量将蔬菜切成小块,更容易入味。"

陆小新和爸爸开始认真地切起胡萝卜和土豆。厨房的桌子上堆满了陆小新切飞的胡萝卜块和爸爸切飞的土豆块。最后两人把仅剩的几块食材放进一口大锅里。

"如果真正做的话,肯定会做得更好。操作这个游戏有些困难。等会儿爸爸来处理这些食材。"爸爸故作轻松地说道。

但是陆小新却因切飞蔬菜导致被扣分而怏怏不乐。

"在锅底放一点儿油,打开燃气灶。"

陆小新放油,爸爸来打开燃气灶。虽然他俩处理蔬菜的水平不怎么样,但是现在两人配合得十分默契。

"首先,翻炒蔬菜,等到洋葱透明变色,再将肉放入锅中。"

他们按照提示一股脑把肉放进去,但锅里的油开始向四面八方飞溅。

"啊!"陆小新被吓了一跳,不由自主地尖叫起来。

"放肉时,应该小心慢慢地放进去。"提示音这时才响起。

"怎么不早点儿告诉我啊!"

幸亏这一切都是在虚拟世界中进行,要不就要出大事了。

"好了,现在加水煮沸。待水开之后加入咖喱粉搅拌一下就好了!是不是非常简单?"

他们按照提示加入咖喱粉搅拌,搅拌到粉末充分溶解就做好了。虽然只是在虚拟世界中做了一道虚拟咖喱饭,但把做好的咖喱饭盛入碗里时却感到很满足。

咖喱饭完成

现在可以进入到下一个环节,是否继续做下一道菜?

陆小新纠结了一下点了"否",从游戏中退了出来。

爸爸对陆小新说:"在我们忘记之前赶紧来煮晚餐吧!"

"好!"

他们把蔬菜从冰箱里拿出来,像在游戏中操作的那样把它们清洗干净。爸爸切蔬菜的手法比在游戏中好多了,看来爸爸之前没吹牛。陆小新将切成小方块的蔬菜放入锅中,然后放油。等洋葱一变色,她小心地把肉加入锅中,以免溅油。爸爸开始用铲子翻炒蔬菜和肉。刚才是在虚拟世界中,所以并不知道,光是炒菜炒肉,就已经香味四溢了。

"啊,好饿啊。"

陆小新在旁边拿着勺子说话时,爸爸咧开嘴呵呵地笑了起来。

"肯定会很好吃吧!"

可能是已经在虚拟世界中操练过一次了,所以实际做起来比想象的要容易,也简单得多。舀一勺菜浇在米饭上,热气腾腾的咖喱饭就完成了!

爸爸和陆小新在吃饭前又和妈妈通了电话。妈妈看到爸爸和陆小新做的咖喱饭,竖起了鼓励的大拇指。陆小新舀起一勺咖喱饭给妈妈看，妈妈假装吃了一大口，这感觉就像三人一起坐在餐桌旁吃着美味的晚饭一样，一家三口都露出了幸福的微笑。

PLAY

利用虚拟现实技术
在无接触社会中
机智生活！

> 在不接触、不见面的后疫情时代，
> 变得更加重要的无接触技术

2019年12月，一种名为新型冠状病毒肺炎（COVID-19）的危险流行病开始蔓延。世界卫生组织(WHO)于2020年3月11日宣布该疾病为大流行病(Pandemic)。那么，什么是大流行病呢？在希腊语中，"Pan"表示全面、广泛，而"demic"是从词根 -dēmos（人民）发展而来。这意味着它是一种全球性疾病。

这种冠状病毒具有高度传染性，如果不幸感染，很可能会死

亡，即使接受治疗也很可能留下后遗症，极其危险。

为了防止COVID-19病毒的进一步蔓延扩散，人们在生活中应尽量避免见面，学校改为在线授课，和朋友们见面也变成在网上云聚会，工作、开会和购物也都在网上进行。与此同时，无须与他人面对面也不妨碍日常生活的"无接触技术"变得更加重要。

什么是"无接触技术"？

实现非面对面的无接触技术，顾名思义，就是"在不见面的情况下，能够实现商品购买或服务提供，并实现无接触式付费的技术"。如果你最近去汉堡店，就会看到有代替人工来点餐的机器，也就是"自助机（Kiosk）"。这是一种能够处理各种业务的无人机器。只需在机器屏幕上轻点几下，就可以在没有工作人员的情况下实现订购和付款。

在图书馆的自助机
源自：Katyare

制造这种机器的技术就是"无人

技术"。

从字面上来看，这是一种不需要人来操作就可以实现的技术。这种无人技术正在与其他技术结合使用。借助物联网、大数据、人工智能、虚拟现实等关键技术，人们现在"不见面"也可以过上正常的生活。其中，虚拟现实技术与非面对面的无接触技术的结合使用，会具有仿佛生活在现实之中的逼真体验效果，因此受到越来越多的关注。

在非面对面社会中，虚拟现实技术能够运用到什么程度？

由于 COVID-19，很多成年人不再去公司上班，而是居家办公。他们在家与其他人开会时，经常会使用虚拟世界中的会议室或 Zoom、Google Meet 等视频会议程序。现在还出现了服务于在线国际会议的语音合成（TTS）技术，这是一种将输入的文本转换为声音进行播放的技术。

此外，由于疫情或雾霾而难以在户外自由锻炼时，使用虚拟现实技术的运动程序和运动设备应运而生。借助虚拟现实设备，即使一个人在家，也可以在虚拟世界中与他人一起进行运动。

在购买衣服时，也可以尝试用增强现实技术来进行试穿，将自己的外貌、身材和衣服进行合成，可以达到真正试穿衣服的效果。购买眼镜也是如此，你可以使用增强现实技术进行试戴，最后选择心仪的商品进行购买。此外，就像陆小新和爸爸通过虚拟现实游戏学习烹饪一样，在线虚拟课程也在逐渐增加。

什么是神经语音合成（NTTS，即Neural Text-To-Speech）技术？

神经语音合成技术是由微软公司研发的一种运用 AI 技术将文字变成声音播放的技术。例如，当你不会德语，却想和德国人一起聊天时，你就可以在聊天窗口输入汉语，AI 技术就会自动将其翻译成德语，说给德国人听。

假钱？真钱？虚拟货币和自动结算系统

如今在网上进行交易时，很少会使用现金。因此，虚拟货币逐渐引起人们的关注。虚拟货币并非像纸币或硬币那样实际可接触。它是仅以电子形式存在的虚拟货币。比如，游戏中使用的游戏币就是虚拟货币，在某种程度上也被称为数字货币或电子货币。

我们平时生活中常用的并不是虚拟货币，而是微信或支付宝这种用信用卡或账户注册的自动结算系统，或是直接用信用卡应用程序进行支付。用微信或支付宝进行的支付属于电子支付。当我们使用微信或者支付宝支付的时候，是通过微信、支付宝把货币"花"出去。

数字货币使用了数字加密技术和点对点支付技术，像钱币一样，购买过程是一手交钱，一手交货。在这个支付过程中，没有银行卡也可以完成交易。一般，我们把设置数字货币的钱包，叫数字钱包，数字钱包一般是指智能手机里面的 APP。

随着电子商务的不断发展，预计虚拟货币的使用会越来越多。

无接触技术，是最好、最便利的吗？

人工智能可以代替人用文字或语音回答问题，咖啡馆里的机器人可以乘坐电梯为我们端来饮料。

以麦当劳为例，一些汽车餐厅商店用人工智能来接听语音订单。人工智能过滤掉环境噪声仅识别人声，因此我们可以轻松进行下单。

但是要使用这种非面对面的无接触技术，就需要大量的数据。有了大数据，人工智能或机器人技术就能够得到进一步发展。但同时也会导致大量数据被保留在网上，其中大部分数据涉及我们的个人信息。因此，我们需要考虑如何保护这些个人信息。

此外，随着非面对面的无接触技术不断进步，人们的工作岗位将逐渐减少。近几年来，只有自助机的无人商店越来越多，无人自助结账柜台也越来越多。机器解放人力的同时，我们还应该关注由此失去工作的人该如何再就业。

而且，并非所有人都能自如地使用数码设备。年龄稍大的爷爷奶奶这些不熟悉数码设备的人也需要接受相应的指导。为了保证在数码时代没有人掉队，我们还需要为那些无法购买数码产品的人提供福利制度。

无接触技术的未来——在无接触的基础上加入"元宇宙"

2020年9月26日星期六上午9时，视频游戏《堡垒之夜》中出现了一个大屏幕。各种游戏人物和虚拟人物聚集在大屏幕前。画面上，防弹少年团（BTS）的"Dynamite"MV编舞版在全世界首次公开。

但这些虚拟形象不只是看MV，他们还像BTS一样跳舞。只要买一件装备，"我"的虚拟形象就可以和防弹少年团一样跳舞。在现实生活中，"我"是否擅长跳舞并不重要，因为虚拟世界中"我"的虚拟形象可以跳舞。这虽是一场虚拟世界的演唱会，却可以像这样一起参与有趣的经历，这就是元宇宙中的世界。

而这个元宇宙就是非面对面的无接触技术的未来。

事实上，元宇宙并不是最近才出现的。早在20年前，就出现了赛我网（Cyworld）、第二人生（Second Life）等类似的虚拟世界平台。然而，当时缺乏创造沉浸式虚拟世界的技术，互联网速度也很慢，无法使用高清的图像。

随着5G网络和虚拟现实技术的巨大进步，创造更逼真的虚拟世界成为可能。最具代表性的元宇宙平台《罗布乐思》[①]和《崽崽》[②]主要是00后的青少年在使用。青少年在这里可以使用他们的虚拟形象来创作属于自己的电视剧，还可以在属于他们自己的平台上沟通能够产生共鸣的东西，如此一来，这就形成了00后独有的新文化。

一些青少年甚至通过设计虚拟形象和创造新的游戏来赚钱。像中国视频网站哔哩哔哩（简称B站）一样，独立创作者的数量也在不断增加。

虽然元宇宙的文化产品目前以00后为中心，但以后会有各种各样的文化产品可供所有年龄层共同参与。

在这样的元宇宙时代，虚拟世界能够创造出和现实既如镜像一样，却又不尽相同的社会。

---

① 《罗布乐思》(Roblox)上线于2004年，是世界最大的多人在线创作沙盒游戏社区。
② 《崽崽》(ZEPETO)是韩国SNOW公司于2018年3月1日推出的应用程序，用户可以通过"捏"出个人立体卡通形象、装扮个人空间的方式，创作出属于自己的"虚拟形象"，以此呈现个人的兴趣和品味，实现与陌生人交友。

当我们从异彩纷呈的虚拟世界退出，回到现实世界时，又会有什么样的感受呢？这一站让我们和陆小新、马罗特还有诺宝一起，来思考一下虚拟现实技术吧！

第五站

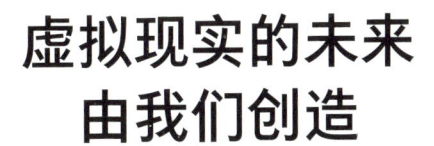

虚拟现实的未来
由我们创造

未来科学，
关于虚拟现实的各种困惑

真实存在于"现实"之中

晚饭后,刚和马罗特发完短信,陆小新就迫不及待地去看电视了。电视画面一播出,她就惊讶地跳了起来,原来是帕尔默·拉奇上了新闻。

"妈妈!我认识他!"

"嗯?看来学校还教授虚拟现实的历史啊。"

妈妈还以为陆小新认识帕尔默·拉奇是因为她学习过虚拟现实的知识。

陆小新听到妈妈的话后犹豫了片刻，最后还是坐了下来。她认识帕尔默·拉奇，准确地说，她认识的是游戏中的帕尔默·拉奇，而不是真正的帕尔默·拉奇。但对陆小新来说，他不仅仅是一个游戏角色，他们在游戏中的共同经历，让"帕尔默·拉奇"对她来说有着特殊的意义。

在虚拟现实中，陆小新见证了帕尔默·拉奇和众多虚拟现实创造者所付出的努力，也知道他为了实现梦想有多么艰辛。随着旅行展开，陆小新慢慢地把帕尔默·拉奇当成了自己的亲密朋友。

但他们真的是好朋友吗？在虚拟世界里的帕尔默·拉奇都不是随时想见就能见到的，更何况是现实生活。现实中的帕尔默·拉奇并不知道陆小新是谁，他和陆小新所认识的帕尔默·拉奇也是完全

不同的人，想到这儿，陆小新不免觉得有些落寞。

第二天，陆小新和马罗特一起来到诺宝的学校。诺宝站在学校门口向他们挥着手。诺宝戴着他俩送的那副VR眼镜，手里拎着小提琴包，陆小新和马罗特看到这样的诺宝笑得特别开心。

"你是来练琴的吗？"

"嗯。"

"眼镜戴着会不会难受？"

"不会，非常舒服。朋友们看到都感到很神奇，都想试着戴一戴呢。"诺宝认真地回答。

诺宝虽然身患疾病，但总是能积极乐观地面对生活，正是因为这样，陆小新和马罗特都特别喜欢她。

"多亏了你俩，我才能如此幸运地戴上这副VR眼镜。"

"我们也没做什么。"

看到马罗特不好意思的样子，一旁的诺宝忍不住笑了。

"爸爸妈妈看到了研发者的采访，说多亏了你们，公司才决定重新生产这个产品的，一定要让我转达一下对你们的谢意。"

"嘿嘿，我们是有点儿执着。"

马罗特笑着挠了挠头。

对面微笑的诺宝眼睛转向了陆小新。陆小新看起来却没有那么开心。

"陆小新,怎么了?有什么事吗?"

"什么?"

"你看起来有点儿无精打采的。"

"对,你今天有点儿低落啊。"马罗特也担心了起来。

陆小新正在考虑如何回答,抬眼望去,正好看到了街对面有一家小吃店。

"我就是有点儿饿了。要不我们去吃点儿炒年糕?"

"好啊!"

他们三人一同走向那家小吃店,点了炒年糕和一些油炸食品。

"其实,我昨天在电视上看到了帕尔默·拉奇。"

"帕尔默·拉奇?"

"就是那个虚拟现实设备的制造商。但是当他出现在电视上时,就感觉好像是我身边一个亲近的朋友出现在了电视上一样。"

听到陆小新的话,马罗特和诺宝都感到疑惑不解。

"此话怎讲?"

"我之前和帕尔默·拉奇的虚拟形象一起玩过虚拟现实游戏,

所以看到他在电视中出现时,感觉特别亲切。虽然在现实中,我和他素不相识,但是在虚拟世界中,我们已经是好朋友了,就和你们俩这种现实生活中的好朋友一样,所以感觉有点儿奇怪。"

"所以刚刚才那么蔫儿吗?"

"我才没呢!"

见陆小新生气,马罗特咯咯地笑了起来,他突然想起了昨天玩的虚拟现实游戏。

在虚拟现实游戏中,他变成了一个很自由的小精灵,畅快地在森林里翱翔。但当他从游戏回到现实中时,迎接他的却只有学校的作业。

"昨天玩完游戏,我突然变得闷闷不乐了。在游戏里,我是个大英雄,拯救了一片森林!但在现实中,却只有做不完的作业。一想到这些,我就想再回到游戏中去。所以过于真实也不一定是件好事。"

听到马罗特的话,陆小新叹了口气:"对。妈妈和老师也告诉我不要长时间使用虚拟现实设备,在一定程度上,它对身体不好,会影响我们的健康。学校也基本上不允许使用虚拟现实设备。我还想以后制造出更好的虚拟现实设备呢,但是像这样的话,虚拟现实技术会不会因此就消失了啊？"

一直静静听着陆小新和马罗特聊天的诺宝也打开了话匣子："那我们来谈一谈虚拟现实的缺点吧。如果能改善它的缺点，那么虚拟现实技术应该就不会消失。我的梦想就是，通过虚拟现实技术，创造一个更加美好的世界。"

"什么？你原来不是想当小提琴手吗？"

"我是想成为一名小提琴手，但是当我戴上这副眼镜时，我觉得这样的设备对于视障人士来说简直是天大的好消息，所以又多了一个梦想。我会不会有点儿贪心？"

陆小新和马罗特被诺宝这番说辞逗得哈哈大笑。

"其实，也是因为你们呀。就像你们守护我的梦想一样，我也想要守护别人的梦想。"

"哇。"

看到陆小新和马罗特惊叹的眼神，诺宝红着脸说道："那我们来讨论一下吧。"

"好。正如我之前所说的，如果你长时间待在虚拟世界里，就会混淆虚拟世界和真实世界，就像我错以为和帕尔默·拉奇是好朋友一样。"

听到陆小新的话，马罗特点了点头："虚拟现实太逼真了，有时候比现实更容易让人沉浸其中。"

去年，马罗特的老师在科学课上用增强现实程序解剖过青蛙。在课堂上解剖的并不是真正的青蛙，这感觉十分奇妙。但下课之后，他还总会想起这件事，甚至连做梦也会梦到。

"上次在科学课上，我们用增强现实程序解剖了一只青蛙，虽然解剖的不是活生生的青蛙，但和真正的青蛙几乎一模一样。当天晚上我就梦见一只大青蛙在追我。"马罗特一边举着双手比画起大青蛙追他的样子一边说道。

"我的天哪！真的太吓人了。"陆小新和诺宝都吓得一哆嗦。

增强现实课程中无须解剖真正的青蛙，从很多方面来说都很好，但有一个问题，就是给人的感觉太真实了，当然也有很多同学对这逼真的效果惊叹不已。

"虚拟世界越逼真，我们就越难辨别什么是真实的。"

听到马罗特的话，孩子们沉默了片刻。

诺宝想了想，说道："但是还有很多人没有机会使用虚拟现实技术，这对于他们来说很不公平。"

陆小新和马罗特用不解的表情看着诺宝：这是什么意思？

"可以使用虚拟现实技术的人并不像我们想象的那么多。就像这副眼镜，多亏了你们，我才能够戴上它，但不是所有的视障人士都有机会使用。假设购买时价格很便宜，但如果它不断更新的话，成本也会很高。"

马罗特点点头。

"对。我们玩的游戏也是用于公测的免费游戏，所以不太了解市面上出售的虚拟现实游戏的价格，听说非常昂贵。"

"啊，原来如此！"

嚼着又甜又辣的炒年糕，陆小新吞了吞口水，张嘴说道："那么现在，我们来谈谈如何改善这些我们所认为的缺点吧？"

"如果太沉浸在虚拟现实中，就无法分辨它是真实的还是虚拟的，甚至会沉溺在虚拟世界中无法自拔。我们应该如何解决这些问题呢？"

面对诺宝的问题，陆小新陷入了沉思，然后说："别长时间地使用虚拟现实设备不就行了吗？玩的时间太长的话，还会感觉到头晕眼花呢。"

"啊，只有这一个方法了吗？"喜欢在元宇宙平台玩虚拟现实游戏的马罗特耸耸肩说道。

咕呱 咕呱

咕呱

呜呜!

1.340.000

对于我来说,

眼镜太贵了。

"好像也没有别的办法了吧。的确，如果玩得太久，渐渐地就分不清真实和虚拟了。"

"我也不是不知道，只是不想那样而已。"听到只有这一个解决方法，马罗特噘起了嘴，"我认为在现实中感到无聊乏味也是一个大问题。与虚拟世界里不同，我们实际生活里的大部分时间都是很平淡的。"

诺宝拿着旁边的小提琴包说道："现实生活中有很多有趣的事情啊，马罗特。不要只想着在虚拟世界中寻找快乐，也要试着在现实生活中开发自己的兴趣爱好才行。"

这样一想，马罗特也喜欢演奏乐器，从中也能收获到属于自己的快乐。陆小新似乎也听懂了诺宝的话。即使不玩虚拟现实游戏，就像这样一边吃着炒年糕一边聊天，也相当有意思啊。

"如果虚拟现实技术太贵的话，该怎么办啊？"

"嗯。如果技术进步，设备的价格应该也会便宜一点儿吧？就像电脑和智能手机那样。"马罗特回答。

陆小新笑着说："那么，在不久的将来，我或许可以创造出不会让人头晕，且任何人都买得起的设备了。"

陆小新想起她和"帕尔默·拉奇"一起玩过的游戏。和朋友聊过一番之后，她的梦想就变得更加清晰了。

"嗯嗯，所以现在信心满满了吧？"

陆小新和诺宝被马罗特的话逗得哈哈大笑。

"真的很酷！陆小新，如果有更多的人像你一样努力的话，想必有一天，我现在戴着的这副眼镜就可以大规模生产，也能以合适的价格销售了吧？以后，你就负责设计出物美价廉的设备，我就负责想办法用这些设备来帮助那些需要它们的人。"

正如诺宝所说，如果我们不断努力，设计出物美价廉的设备，就会有更多的人享受到虚拟现实技术带来的便捷。虽然可能会出现其他的困难，但陆小新不愿意放弃为更多的人创造虚拟现实技术的梦想。

"是啊，就这么去做吧！到那时，会有更多的人比现在还要喜欢 VR 技术。"陆小新微笑着说道。

"嗯。虚拟现实技术真的很有趣、很方便，甚至能给人带来幸福感。"诺宝一边摆弄眼镜一边说着。

马罗特则调皮地说："是因为你们现在都吃饱了，所以才这样积极、充满正能量吗？"

"那我们再去吃点儿热狗吧！"

三个孩子一人拿着一根热狗离开了小吃店。

晴空万里，天空澄澈清明，孩子们叽叽喳喳地聊着天，午后的暖阳和煦地洒在他们的头顶上。

PLAY

虚拟现实技术的未来，我们应该思考什么？

虚拟VS真实，我们生活在何处？

在虚拟世界中，我们能够看到恐龙，甚至可以化身为恐龙；我们可以在珠穆朗玛峰上高声呼喊，也可以从沙漠飞向北极；我们还可以成为像超人一样的英雄。虚拟世界中的一切似乎都是如此美好有趣。

或许，在不远的将来，我们就能在这样有趣快乐的虚拟世界里生活啦。如果这一天真的到来，你想在哪里生活？是现实世界，还是虚拟世界呢？

如果选择在虚拟世界生活的话，大家认为什么才是真实的？可以体验任何事物的虚拟现实生活是真实的？还是我们身体所在的现实生活是真实的？

使用虚拟现实技术，真的有利无弊吗？

据说有这样一个程序，可以把即将去世的人以数码的形式置于虚拟世界中，使他们"延续生命"。这个程序构建的虚拟现实空间与真实的世界别无二致。湖水波光粼粼，天空湛蓝高远。去世的人在欣赏美景的同时，穿着漂亮的衣服，品尝最美味的食物，永远长生不老，甚至还能和活着的人进行视频通话。

而另一边，一群白衣人却只能一脸呆滞地僵硬地躺在一个全白的房间里。这些人只能按照他们支付的费用来享有在虚拟世界中生活的时间。当延长生命的钱花光了，就只能退出账户，直到下个月继续充钱为止。

听起来像是在骗人吧？是的，目前还没有这样的程序。这是一部名为《上载新生》（Upload Season）的美剧的主要剧情。但也许这个故事并不完全是虚构的。

在虚拟世界中的一切似乎都是平等的，但如果根据消费能力来决定体验水平呢？我们可能需要为某些体验支付更多的费用。对于某些销售这些程序的公司来说，赚钱更加重要。

或者，以后的世界可能会变成这样：现实世界中，由于资源匮乏，只有富人才能享受旅行，过上奢华的生活，而没有钱的人只能在虚拟世界中旅行。

目前，我们还没有想出解决这些问题的办法，对虚拟现实技术带来的副作用的研究和相关伦理问题的深入讨论也较少。并且，在虚拟世界里进行的心理治疗没有相对应的规范，也没有人真正知道虚拟现实心理治疗会产生什么样的副作用。

因此，对于今后虚拟现实技术的发展，我们需要制定道德标准，开展伦理教育，并对其副作用进行医学等方面的深入研究。我们还需要根据年龄段，来制定符合各年龄段的虚拟现实文化产品的行业标准。

假如虚拟现实能让我们再次见到想念的人……

有一位母亲非常想念她已经去世的女儿，她最大的心愿是能再抱一抱女儿，并为她庆祝生日，进行最后的道别，但是她再也见不到女儿了。虚拟现实技术可以帮到这位母亲吗？

韩国 MBC 纪录片《遇见你》讲述了一位母亲在虚拟世界中与死去的女儿见面的故事。这位母亲在虚拟世界中见到了她的女儿，煮了她最喜欢喝的海带汤，并在女儿的生日蛋糕上点燃了蜡烛。在这次特别的相见之后，这位母亲还留言说，在虚拟世界中能够见到女儿对她来说是极大的安慰。

研究者运用动作捕捉、语音智能识别、深度学习（使用人工神经网络的机器学习）等各种科学技术来捕捉女儿生前的样子。人工智能研究了女儿生前留下的照片和视频中的动作、嗓音、语气，与女儿年龄相仿的替身模特结合制作出虚拟形象的基本骨架，并根据几个视频中的真实声音制作出女儿的声音。这样创造出的女儿在外表看来和真正的女儿一模一样。

人工智能技术，实际上在我们的生活中已经应用得非常广泛了。譬如通过语音选择电视频道——有些智能电视，你只需要说出"帮我换到1频道"，就会换台了。还有体感游戏，就是游戏上装了摄像头，就像人的眼睛一样，可以捕捉到你的动作。这就是计算机视觉。

当然，任何人都无法否认这能够为那位悲伤的母亲带去些许安慰。以数码方式创造记忆，得以与亡者重逢，安抚生者，从某种意义上说，这是一件好事。

但这是真实的女儿吗？这样创造出来的至亲至爱，并不是我们曾经认识的那个人。因为虚拟世界中的那个人不能和我们一同共度时光、一起成长。它只是在不断对它拥有的数据进行复制而已。而且，那位亡者的数据，总有一天会用尽。在这样的情况下虚拟世界中创造出的至亲至爱，还会继续和我们在一起吗？还是我们所认识的那个人吗？

此外，数码创建的记忆可能会在事故中突然消失。对这一切，我们还不能轻易地得出结论。技术在进步，我们不知道还有什么即将发生。可越是在这样的时候，我们越是应该停下来好好思考一下这些问题，不是吗？

我们绘制出的虚拟世界，将来是什么样子的呢？

俗话说"百闻不如一见"，到目前为止，人类学习的最佳方式是亲身体验。

而如果使用增强现实或虚拟现实技术，则可以更高效、更安全地进行体验。在不久的将来，或许不用去学校，通过虚拟现实技术在家就能够快捷地获得最好的教育。

旅行也是如此。过去，我们在熙熙攘攘的游客群中和大家一起旅行，以后没准可以用虚拟现实技术创造一个能独自旅行的世界。

如果在将来，这些变化越来越频繁和普遍，那么我们的生活方式或许也会随之而变。随着真实世界和虚拟世界之间的界限变得模糊，在我们的记忆之中，现实和虚拟现实可能会被赋予同样的含义。模仿现实创造出的 3D 虚拟世界和元宇宙中的世界也可能成为现实。虽然这能扩大我们生活世界的范围，但这些世界的界限可能会被打破并融合在一起。

但是，当在虚拟世界吃饭的时候，真的能吃饱吗？我们还是得在现实世界中吃饭、睡觉……

我们应该注重在现实中的感受，珍惜在现实中遇到的人，以及慎重地做出现实中的选择。因为在现实生活中，我们不能像玩游戏一样，复位重启我们的生活。

一部电影中有这样一幕：在虚拟世界中，吃的是山珍海味，但在现实中，却只能吃味道平淡的稀粥。当我们只考虑技术的发展，而不关心人类的福祉和现实时，就会发生这样的情况。

味道平淡的稀粥

为了让虚拟现实技术发挥其优势，必须努力丰富我们真实的"现实生活"。只有巩固了真实世界，虚拟现实才有意义。

至此，我们已经探索了虚拟世界，看到了虚拟现实技术的无

穷潜力。正是基于现实，虚拟现实技术才既方便又美好。这种奇妙的技术可以帮助人们完善现实世界。我希望在现实世界中与大家一起创造出虚拟世界，共同开创美好的元宇宙未来，就像陆小新、马罗特还有诺宝的梦想那样，好吗？

图书在版编目（CIP）数据

给孩子讲元宇宙 /（韩）千允贞著；（韩）朴善和绘；
杨皓雪，刘人博译. -- 北京：中译出版社，2022.1
ISBN 978-7-5001-6816-4

Ⅰ. ①给… Ⅱ. ①千… ②朴… ③杨… ④刘… Ⅲ.
①信息经济－少儿读物 Ⅳ. ①F49-49

中国版本图书馆CIP数据核字（2021）第246478号

著作权合同登记：图字 01-2021-6675

Copyright © 2021 by 천윤정
All rights reserved.
Simplified Chinese copyright© by China Translation & Publishing House
Simplified Chinese language edition is published by arrangement with
팜파스 PAMPAS Publishing Co.
through 連亞國際文化傳播公司

策划编辑：	林　勇　吴　第　胡婧尔
责任编辑：	封　裕
封面设计：	鹿　食
内文设计：	书情文化

出版发行：	中译出版社
地　　址：	北京市西城区新街口外大街28号普天德胜大厦主楼4层
邮　　编：	100088
电　　话：	（010）68359827、68359303（发行部）；（010）68002876（编辑部）
电子邮箱：	book@ctph.com.cn
网　　址：	http://www.ctph.com.cn

印　　刷：	北京顶佳世纪印刷有限公司
经　　销：	新华书店
规　　格：	710毫米×1000毫米　1/16
印　　张：	9.5
字　　数：	42千字
版　　次：	2022年1月第1版
印　　次：	2022年1月第1次

ISBN 978-7-5001-6816-4　　　定　价：69.00元

版权所有　侵权必究
中译出版社